名人家风丛书

# 孝友传家立高德

——秦观与秦氏家风

名人家风丛书

# 孝友传家立高德

## ——秦观与秦氏家风

苑聪雯 著

中原出版传媒集团
大地传媒
大象出版社
·郑州·

**图书在版编目(CIP)数据**

孝友传家立高德：秦观与秦氏家风 / 苑聪雯著.— 郑州：大象出版社，2016. 1
(名人家风丛书)
ISBN 978-7-5347-8287-9

Ⅰ. ①孝…　Ⅱ. ①苑…　Ⅲ. ①家庭道德—中国　②秦观(1049~1100)—家族—史料　Ⅳ. ①B823. 1　②K820. 9

中国版本图书馆 CIP 数据核字(2015)第 019175 号

名人家风丛书

**孝友传家立高德**

——秦观与秦氏家风

**苑聪雯　著**

出 版 人　王刘纯
总 策 划　郑强胜
责任编辑　张　涛　管　昕
责任校对　钟　骄
封面设计　王莉娟
版式设计　王　敏

出版发行　大象出版社(郑州市开元路 16 号　邮政编码 450044)
发行科　0371-63863551　总编室　0371-65597936
网　　址　www.daxiang.cn
印　　刷　洛阳和众印刷有限公司
经　　销　各地新华书店经销
开　　本　890mm×1240mm　1/32
印　　张　5.625
字　　数　124 千字
版　　次　2016 年 1 月第 1 版　2016 年 1 月第 1 次印刷
定　　价　25.00 元
若发现印、装质量问题，影响阅读，请与承印厂联系调换。
印厂地址　洛阳市高新区丰华路三号
邮政编码　471003　　电话　0379-64606268

# 总　序

一个人有一个人的气质，一个国家有一个国家的性格。一个家庭在长期的延续过程中，也会形成自己独特的风气。这样一种看不见的风尚习惯、摸不着的精神风貌，以一种隐性的形态存在于特定家庭的日常生活之中，家庭成员的一举手、一投足，无不体现出这样一种习性。这就是家风。

“家风”一词，最早见于西晋著名文学家潘岳的诗中。与潘岳有“双璧”之称的夏侯湛，自恃文才超群，将《诗经》中有目无文的六篇“笙诗”补缀成篇。潘岳为与友人唱和，写作了《家风诗》。在这首诗中，作者通过歌颂祖德、称美自己的家族传统以自勉。

“家风”又称“门风”，这个词语在西晋出现并在随后流行，显然和“士族”“世族”“势族”“大族”“世家大族”成为社会上的统治力量有关。无论是以宗族为根基、以武力为特质的地方豪族，还是以官宦为标志、以文化为表征的名家大姓，他们政治上累世贵显，经济上广占土地，文化上世传家学，垄断了全社会的主要资源。除通过九品中正制和婚姻关系来维护门阀制度之外，他们还自矜门户、标树家风，用以抵御皇权和寒人的侵渔。正因为如此，两晋以后，这个词语渐次流行。从发轫之初，“家风”就往往和“门风”互用。我们可以将它理解为家庭的风气，将它看作一个家庭的传统、一个家庭的文化。

传统作为人类代代相传的行事方式，是从过去延传到现在的事物。没有经过较长时间的过滤和沉淀，就形成不了传统。在《论传统》的作者希尔斯看来，至少要持续三代人，才能成为传统。尽管世代本身的长短不一，但无论是信仰还是行动范式要成为传统，至少需要三代人的两次延传。家风作为特定家庭的传统，是该家庭长时期历史汰选、传统沉淀的结果，是一辈又一辈先人生活的结晶。在历史文献中，“家风”或与“世德”共举，或与“世业”并称，足见家风有别于时尚，而与“世”即很多年代、好几辈子紧密关联。在时间上持续的短暂性是时尚的特征，而家风则是历经延传并持久存在，或者在子孙后代身上一再出现的东西。正是在这个意义上，历史文献中提及“家风”一词，往往蕴含对传统的继承。如比比皆是的“不坠家风”“世守家风”“克绍家风”“世其家风”及“家风克嗣”等，无不体现了这一特点。

有一种观点认为，家风必须是健康的、积极向上的，否则，不能称之为家风。实际上，这只是说者的一种期许、一种渴盼，家风本身并不蕴含这样的意味。否则，“良好家风”就是毫无意义的同义反复。正如“文化”是使民族之间表现出差异性的东西，时时表现着一个民族的自我和特色一样，家风作为家庭的文化和传统，表现的也是一个家庭的气质和风习，反映出一个家庭与其他家庭的不同之处。它完全是一个中性的概念，并不必然具有正面的意义。有的家风可能是勤奋俭朴、为人忠厚、待人有礼，也有的家风可能是狡诈刻薄、游荡为非、跋扈凶横。如同一所学校、一个班级的风习我们称之为学风、班风，而学风有好坏之分，班风有高下之别，并不总是值得弘扬一样，家风同样也有不良的，并不都是传家宝。正因为如此，对家风或门风则就既有称誉，也有贬损。即便是在传统社会，被视为传家久、继世长的，也只有耕读、忠厚、清廉这样一些美好的品质。

的确，家风的特征在前现代、在乡村社会、在大家庭中表现得十分鲜明，格外生动，而在现代城市家庭中却不那么明显。但是，只要一个组织存在，就会有这个组织的文化，特别是这个组织如果有历史的厚重，有传统的积淀，就更是如此。作为家庭的文化，家风是附丽于家庭而存在的，只要有家庭，就会有家风。家风并不必然会因为农村的城市化、大家族被小家庭所取代而丧失，或者说，随着历史的演进，社会情势的变化，家风的具体内容肯定会有变化，但家风仍然会存在。我们可以这样认为，没有家风，本质上也是一种家风。在社会结构和家庭结构都发生了革命性变革的当今社会，人们感叹“家风”的荡然无存，其实是指家庭所秉持的“只耕田，只读书，自然富贵；不欠债，不健讼，何等安宁”这样一些古典原则的式微，是指“耕读两途，读可荣身耕可富；勤俭二字，勤能创业俭能盈”这样一些传统内容的沦落，是“志欲光前，惟是诗书教子；心存裕后，莫如勤俭传家”这样一些旧时理念的散淡，而不是家风本身的消逝。

此外，家风不同于家规。虽然这两个词都与家庭教育相关，但它们有着本质的差异。

家规是家庭或家族中的规矩，是家人所必须遵守的规范或法度，是父祖长辈为后代子孙所制定的立身处世、居家治生的原则和教条。它是借助尊长的权威，加之于子孙族众的又一重道德约束，有的甚至具有法律效力。它有家训、家诫、家仪、家教、家法、家约、家矩、家则、家政、家制等名义，有敬祖宗、睦宗族、教子孙、慎婚嫁、务本业、励勤奋、尚节俭等多方面的内容，是行于口头、针对性强的具体教诫，是见诸家书、目的明确的谆谆训诲，是载诸家谱、可供讽诵的文本规条。家规可以有多种分类，如：根据其表现形式，可以分为教诫活动的家规和文献形式的家规两种；根据内容，则可以分为针对一人一事、起因明确、内容具体、结果显豁的非规范性家规和针对整个人生、涉及方方面面的规范性家规。有的家规，着重家庭子弟的道德修养，教授为人处世要法；有的家规，集中居家治生，以至是祠堂、义庄、学塾等的管理规条。但无论如何，相对于家风，家规一个总的特点是有形的，是可视可见的。

一个家庭的家风有别于这个家庭世代相传的道德准则和处世方法，它是一个家庭的性格特征。虽然它一旦形成，也就成为教化的资源，对家族子弟具有熏染影响、沾溉浸濡的意义，但家风是一种不必刻意教诫或传授，仅仅通过耳濡目染就能获得的精神气质，具有“润物细无声”的作用。历史文献中的“渐渍家风”，就极为生动形象地诠释了这一过程。通俗地说，我们可以把家规看作教化家人的教科书，而家风则是经由长期教化后的结果。

马年春节期间，中央电视台的“家风”系列报道，引起了社会的热烈反响和高度认同。这一报道对于引导人们自觉省思，培植良好的家风，构建和谐的家庭关系，夯实家庭这一社会的堡垒，进而培养全社会的良风美俗，疗治现今社会的乱象，无疑具有积极的意义。正是基于这样一种用心，寻根杂志社主编郑强胜代表大象出版社，约请我主编这套“名人家风丛书”。

由于时间关系，第一辑的十本书都是我的学生编写的，他们有的已经博士毕业，有的还硕士在读，水平不一。尽管我们高度重视这一工作，多次在中心的例会上讨论编写事宜，但由于时间仓促，特别是水平所限，其中肯定会有这样或那样的问题。希望读者诚挚地帮助我们，不吝指教，以便我们把后面的工作做得更好。

北京师范大学国学经典教育研究中心 徐梓

2015年1月

# 目录


第一章　锡山秦氏之家族渊源　1

第一节　溯本追源　远绍淮海　2

第二节　散叶锡山　谱系分支　32

第二章　孝友传家　35

第一节　百善孝为先　38

第二节　长爱幼敬　手足情深　58

第三节　孝友皆是爱　62

第三章　簪缨门第　65

第一节　科名之始　廉政之官　67

第二节　五部尚书　三朝太保　71

第三节　宦海沉浮　寄畅山水　92

第四节　辰未联科双鼎甲　高玄接武十词林　97

第四章 恒于守业 109

第一节 秦金凤谷筑行窝 110

第二节 凿池叠山添风趣 122

第三节 官场失意寄畅山水 125

第四节 秦园合璧得翻建 131

第五节 繁花似锦迎圣驾 136

第六节 祸起萧墙园没官 139

第七节 秦探花痛上陈情表 140

第八节 荒园一夜改祠堂 143

第九节 乾隆临幸作诗赞 145

第十节 战火频传草木惊心 148

第十一节 古园新生还旧观 151

参考文献 155

第一章

# 锡山秦氏之家族渊源

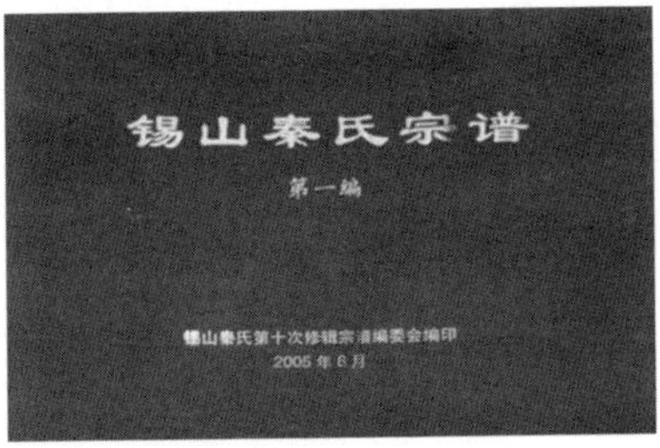


《锡山秦氏宗谱》

## 第一节　溯本追源　远绍淮海

在秀美江南的太湖北岸，有一座风景怡人、历史悠久的文化名城——无锡。在无锡城的六箭河畔，住着一个人丁兴旺的名门望族——锡山秦氏。根据无锡方志和秦氏宗谱记载，锡山秦氏可溯源于北宋著名词人秦观，十一传至秦惟祯，始定居无锡，迄今已繁衍三十余世，历时九百余年，“其间仕宦、甲第、名臣接迹以起，海内称为鼎族”。

物本乎天，人本乎祖。锡山秦氏的始祖秦观，辛勤读书，积极入仕，和亲睦友，造福后裔，使得锡山秦氏一族繁衍至今。锡山秦氏的历代子孙在其家族文化的熏陶下，无论是高官显贵，还是一介布衣，都显示出一脉相承的特点：一是书香传家，善学好读，工于文章书画。仅《中国名画家词典》中记载的锡山秦氏画家就有三十余人，留有传世著作者更是不计其数。二是注重礼节，笃守孝道，尊老爱幼，家庭和睦，已形成良好家风。究其渊源，世德当溯之始祖秦观，历以诗书传家、孝友传家居世，先人之遗泽至深至远。

## 一、 秦观其人

秦观（1049～1100年），原字太虚，后改字少游，自号淮海居士。幼年的他被家人亲昵地唤作“七儿”“秦七”。其实秦观在自家兄弟姊妹中并非排行第七，而是按照当时的习惯，在秦氏家族同辈人中以长幼排序是第七。秦七这个名字不仅在他年幼时为人称呼，及至年长，甚至在他成名之后，也仍然常常被人提起。如陈师道说：“今代词手，唯秦七、黄九耳，唐诸人不逮也。”这里提到的“秦七”，即指秦少游。

古人强调“名以正体，字以表德”，官宦世家、书香门第对其子女取名、字一般都是十分慎重的。恰如《悲情歌手秦少游评传》一书的作者许伟忠所言，“秦七”“七儿”的乳名一直被叫到六岁后，秦观才得名“观”，这更说明他的父亲为其取名是十分慎重的。“观”字的由来，要从秦七的父亲秦元化在太学读书的经历讲起。

秦七出生于宋仁宗皇祐元年（1049年）。他先是跟随祖父居住在江南，后迁居至淮海，即扬州，定居在高邮州武宁乡左厢里，以栽桑务农为生。祖父的名字无考，曾任承议郎一职，父亲名叫秦元化。秦七出生那年，祖父要到江西南康任职，由于秦七的父亲元化公当时已在京城游学，祖父承议公不得不带着即将临产的儿媳赴任。赴任之途的艰辛和劳顿，使得秦七的母亲戚氏在颠簸的旅途中生下了他。

当时，官船刚刚驶出九江，戚氏忽感腹痛难忍，即将临盆，此时已经来不及叫接生婆了，船舱里年纪尚轻的侍女在一旁手忙脚乱、不知所措，只得由已有生产经验的祖母帮助接生。旧时女人生孩子男人是不能在场的，船舱外的祖父忧虑万分，喃喃自语道：“怎么办呢？怎么办呢？”他来回踱着步子，急得直搓手，可就是帮不上忙。

这样过了好一会儿，清亮的婴儿啼哭声终于从船舱内传来。一个新的生命来到了人间，这个在苍茫的云水之间出生的男孩，就是后来被奉为“宋一代词人之冠”的秦观。日后，秦观在《书王氏斋壁》中记述道：“皇祐元年，余先大父(即祖父)赴官南康，道出九江，余实生焉。”寥寥数语便概括了自己仓促的出生。

皇祐四年（1052年)秦七已四岁，虽然祖父在江西南康任承议郎的任期已满，但是全家仍然寄寓在南康城外的僧舍中，以便承议公完成和新任官员的交接手续。直到第二年，他们才迁回家乡高邮。

转眼间，秦七长到了六岁，聪明伶俐，惹人喜爱。祖父将他送到私塾里去读书。秦七的私塾老师为人方正、博学，不仅在教学上严格要求，而且方法上也有更多的灵活性，在乡里颇有点名望。秦七在这样有学问的塾师那里受到了极好的教育，知道读书要认真，既要虚怀若谷，又要独立思索，不能死记硬背了事。他的天分智慧加之勤奋努力，使他的学业在私塾里鹤立鸡群。

就在秦七入私塾读书的时候，他的父亲元化公前往设在京师的全国最高学府——太学求学，师从胡瑗。

胡瑗是北宋著名的学者，精通儒家经术。自幼时起，胡瑗能刻苦学习，虽然家中生活拮据，但他求学之志不减，常以圣人、贤人的标准要求自己，恪守“孔子因学于人而后为孔子”这一信条，勤学不懈。七岁善属文，十三岁通“五经”，是乡里有名的才子。

青年时期的胡瑗，为避世事干扰，专心求学，同他的好友孙复、石介一道隐居泰山，“攻苦食淡，终夜不寝，一坐十年不归”。他们三人在泰山度过了十个春秋，把全部精力都用在了研究学问上，对儒家经典及百家之言悉心研读、细心体会，打下了坚实的学问基础。

后因苏州知州范仲淹举荐，胡瑗被召入京师太学。在太学执教期间，由于他学识渊博，教育有方，培养了不少人才，门下名徒云集。当时礼部选拔的人才多出于其门，据记载“礼部贡举，岁所得士，先生弟子十常居四五”。

秦七的父亲秦元化投身胡瑗门下，有名师讲授学业，自然才学大进，不久，便在太学上下小有名气。

在父亲离家期间，秦七的母亲秉承了丈夫的心意，寒窗课子。秦夫人个性果敢坚毅而又仁慈善良，颇像孟子的母亲，又严又慈，除了严格监督孩子的学业，还重视孩子的人格教育。加之秦七懂事得早，知道刻苦读书，早期的良好教育为他日后的创作和科考奠定了坚实的基础。

至和元年(1054年)，秦元化游太学归来。秦七与弟弟见父亲秦元化久去而归，围在父亲膝前，兴致勃勃地缠着父亲问东问西，央求父亲讲讲太学里有趣的事情。

父亲秦元化在言语之中盛赞汴京太学之盛，尤其对两位学友——海陵人王观及其堂弟王觌的才华，极为褒扬，称其有高才力学，其他文士没有能与其相比的。秦元化钦佩王观、王觌兄弟的才学，于是以王观及其堂弟的大名，分别给自己的两个儿子取名秦观、秦觌。这既表现了父亲对儿子的厚望，希冀秦观兄弟读书仕进、出人头地，也是对秦观兄弟的鞭策。

秦观兄弟的词学成就证明，他们没有辜负父亲的殷切希望，其学业成就远远高出王观兄弟。

1．有志于学

父亲秦元化绘声绘色地讲述自己在太学游学的经历，令年幼的秦观向往不已。尤其是当父亲谈到王观兄弟相继举进士中第，且名列前茅时，秦观很受激励。在秦观小小的心灵中就开始羡慕名家，且有心想着自己长大以后也要成为有才学的人。后来，秦观在《李氏夫人墓志铭》中还记叙了这件事："余时为儿侍左右，闻而心慕之，愿即见，盖不可得。"可见他人小志高。

秦观本就天资聪颖，自称"少时读书，一见辄能诵"。从小又受到父辈的熏陶，再加上父母的精心调教和悉心引导，以及自身的勤奋好学，十岁时即略通《孝经》《论语》《孟子》大义。十多年的寒窗苦读，使一个黄发嫩须的懵懂少年成长为一个知书达礼、腹有才华的青年才俊。

秦观早年对赋的写作颇下过一番功夫，曾自言道："某少时用意作赋，习惯已成……不畏磨难，然自以华弱为愧。"他所作的赋，或论史，或咏物，或记游，或述志，题材颇为广泛，而且文章立意高远，文辞优美，被人们争相传诵。

北宋熙宁二年(1069年)，秦观二十一岁，这时他已经能够吮墨挥毫，作出《浮山堰赋》这样哀逝者、祭孤魂，涉猎文史、悲天悯人的赋体文章来。秦观在这篇文章中，以梁武帝掘浮山堰灌城阻敌的荒唐之举为题材，批评梁武帝好大喜功、轻举妄动。

熙宁二年，新法初起，一时大兴水利，秦观担心此举会劳民伤财，甚至产生危及人民生命安全的严重后果，于是有感而发，借梁武帝时堰崩人亡的故事，以古鉴今，希望皇帝可以从中领悟为政之法、为君之道。

《浮山堰赋》中描写了浮山堰因淮水暴涨堰坏，淮水奔流入海，下游十余万人皆被冲入大海的惨状："哀死者之数万兮，孤魂逝其焉游"，秦观的深思远识可见一斑。

此时的秦观，性格豪放慷慨，强志盛气，对世事关怀，见识卓奇。他曾对挚友陈师道说过，自己在年少的时候，想和唐代大诗人杜牧一样，志向远大，将来报效国家，建功立业，流芳后世。

"字以表德"，取字可以彰显出一个人的人生态度和价值取向。《礼记·檀弓上》记载"幼名，冠字"。注曰：名以名质，生若无名，不可分别，故始生三月而加名，故云"幼名"也。人年二十，有为人父之道，朋友等类，不可复呼其名，故冠而加字。古代男子成人，不便直呼其名，故另取一个与本名含义相关的别名，称为字，以表其德。凡人相敬而呼，必称其表德之字。古代男子一般在十五岁即可冠字，而秦观是在弱冠之后，方取"太虚"为字，"太虚"是"天"的同义词，秦观以其为字，是以浩茫的太空象征自己高远的志向。

2. 科场打拼

古人常说"学而优则仕"，十年寒窗苦读，最终就是为了参加科举考试，进入仕途，秦观亦不例外。然而才华横溢的秦观，在科举征途中却屡遭挫折，仕途颇为坎坷。

秦观出生于一个典型的尚德崇文、以耕读传家的乡绅士族家庭。这从他的自述中就可见一斑：“敝庐数间，足以庇风雨。薄田百亩，虽不能尽充饘粥丝麻，若无横事，亦可给十七。”

秦观十五岁时，父亲就去世了，早孤的秦观依靠祖父和叔父生活，这也促使身为长子的他早早地挑起了养家的重担。为了赡养祖父和母亲，为了抚养年幼的弟弟，供他们读书成才，秦观被迫拼搏科场，寻求仕进之路。

秦观第一次参加科举考试是在神宗元丰元年（1078年）。这一年的四月，三十岁的秦观起程北上。此行有两个目的:一是赴京应举，二是拜师苏门。

秦观抱着满满的期望，参加第一次科举应试，这时的他意气风发，大有舍我其谁的豪迈之气，可惜开榜之时，从头看到尾，也没在榜上找到自己的名字。赶考士子皆盼高中，秦观等来的却是落第的命运，这使他大受打击。

秦观的此次失败，从客观方面说，倒也在情理之中。原来秦观参加科考之时，正赶上王安石改革科举制度，在科举考试中完全取缔了诗赋，改试经义，将“诗赋取士”改为“经义取士”。

王安石的《上皇帝言事书》一文论述了当时科举之弊，旗帜鲜明地表达了自己对于“诗赋取士”的批评。在王安石眼中，诗赋属于“无补之学”，不能经世致用，也无助于变法，“诗赋取士”制度不能选拔真正的人才。一方面，某些士人即使学识浅薄，亦只需凭借诗赋就可以轻松地通过常科与制科考试，成为朝廷的高级官员，而这些经由诗赋上位的人，并不具备与其地位相应的行政能力。另一方面，真正具有行政能力，能为国家干实事、为变法服务的人，却因为不擅长诗赋，不能通过朝廷设置的诗赋考试，老死于山林田野。由此可见，王安石作为此次科举改革的设计者与主持者，在关于人才的标准与取舍中持有轻诗赋重经义的观点。

在这种罢诗赋及明经诸科，重策论，以经义、策论试进士的背景下，精通文学的秦观，虽文章高古，有屈原、宋玉之才，却不符合当权者所制定的新的取士标准。

秦观在这场大考中折戟铩羽，饮恨而归，退居高邮。一回到家中，他便深居简出，闭门读书，学习时文，以求应试，而不再像往日那样，喜与滑稽饮酒者优游乡里，不屑于从举子学习时文。这表明秦观并未对前程丧失信心，而是矢志不渝、奋斗不已。

秦观虽然未能金榜题名，但是此次赴京应举也并非全无收获。原来在赴京途中，他经由徐州拜谒了仰慕已久的苏东坡，还拜在其门下，了却了平生的一桩夙愿。在“满树嫩晴春雨歇”的时节，高邮书生秦观和徐州太守苏东坡终于正式见面。两人相视一笑，宛若星辰际遇。

苏东坡礼贤下士，置酒备乐，俨如待上宾。此时的苏东坡已是继欧阳修之后的文坛盟主，在当时的作家中享有很高的声誉，他能如此热情奖掖秦观这个后生晚辈，这让还是一介书生的秦观有些诚惶诚恐。他躬身下拜，虔诚而郑重地执弟子礼。苏东坡不胜欢喜，执手相邀同入席。席间，两人举杯对饮，促膝长谈，叙起故人，吟哦佳篇，不亦乐乎。苏东坡对这位慕名追随、出类拔萃的有志青年心生喜爱，尤其对秦观的不凡文笔多有嘉许。东坡认为“文章之任，亦在名世之士相与主盟，则其道不坠”，因此他非常注意发现和奖掖文学新秀，以至于在日后竭尽全力扶持和提举新秀秦观。

盘桓数日，师生二人论道谈文，倾吐心声，仿佛故人，惺惺相惜，朝暮不离。临别时分，秦观依依不舍，心怀感恩，写下《别子瞻学士》："我独不愿万户侯，惟愿一识苏徐州。"不仅表达了他对苏东坡的仰慕之情，更言尽拜教于苏轼的强烈愿望。东坡也回赠一首《次韵秦观秀才见赠秦与孙莘老李公择甚熟将入京应举》，其中一再提到，秦观与自己"遇合"是"天遣"，是上天的安排。苏轼还称许他"忽然一鸣惊倒人"的才华，表示"夜光明月非所投"的谦虚态度，表现了提携后辈的巨大热忱。可见，秦观深得苏东坡的器重和赏识。从这次的徐州会面起，秦观便开始了与苏东坡亦师亦友的交往，自此秦观的政治命运便与苏东坡紧紧地联系在了一起。

秦观因考期迫近，不能久留，苏轼约他考后再来徐州。那个时代，读书人只有科举一条出路，无论如何都必须先通过这座独木桥，所以苏轼当时最关心的是学生秦观的考试。

秦观第二次参加科举考试是在神宗元丰五年（1082年）。经历了第一次的秋闱失利，秦观这次依旧名落孙山。比之初试落第，第二次的失利对秦观的打击更为沉重，因而失意之情更加强烈，这在他的诗文中屡有表现。在《画堂春》一词中，秦观以"杏园憔悴"喻落第失意之情，以"落红铺径水平池，弄晴小雨霏霏。杏园憔悴杜鹃啼，无奈春归。柳外画楼独上，凭栏手捻花枝。放花无语对斜晖，此恨谁知？"聊表心迹。

落第是人生最悲哀的事情，词人情动于中，常形于吟咏。"诗显而词隐，诗直而词婉"，词人秦观没有明写他"恨"什么，但一句"此恨谁知"，却正是词人情感复杂幽微的自叹之语。词人写春归之景，借以惜春之怀，发幽婉深恨之情，以抒发自身失意而世又少知音的幽恨，寄情悠远，意蕴言中，韵流弦外，具有言有尽而意无穷的余味。

科举的接连失利，使秦观的心境更加忧愁悲郁。残酷的现实让他认清了“风俗莫荣于为儒，材能咸耻乎不仕”的社会现实。他更加努力地学习时文并向时人投献诗文，以求其赏识，获得举荐。

士子们奔趋于科举求仕的道路上，犹如千军万马争过独木桥。在这种情势下，对大多数士子而言，要在科场上获胜，除了修好举业外，还要仰仗考场外的功夫。如凭借各种社会关系打通关节，投文干谒，以此获得名公权贵的赏识，借引奥援以为己用，即是其中颇为关键的。

元丰七年（1084年），苏东坡给德高望重、罢相隐居的王安石写信，极力推荐自己的得意高足秦观，希望借王安石的人望及在朝中的故旧僚属，使秦观得显于世。王安石读了秦观的诗词文章后，立即回书，称秦诗“清新妩丽，鲍谢似之”，秦观顿时名重天下。

秦观第三次参加科举考试，是在神宗元丰八年（1085年）。这次他经过多年的刻苦攻读，又有了苏东坡、王安石等人的大力举荐，终于得偿所愿，蟾宫折桂。此时他的心中五味杂陈，在《谢及第启》中，以“折剑重铸，死灰复燃”来形容自己繁复的心情。历三届八年，方才榜上有名，秦观时年已经三十七岁。如果加上前期参加县试、乡试，他在科场打拼的时间已将近二十年，用他自己的话说就是“奔走道途，常数千里；淹留场屋，几二十年”。

3. 仕宦沉浮

秦观历经三次大考，寒窗苦读近二十载，其科考之路可谓崎岖而漫长，谁料十年仕宦之途也同样屡遭挫折。他学务经世，名重当时，却生不逢时，“为世所弃”，命运乖蹇。

元丰八年秦观高中进士以后，以布衣而被起用，初授定海主簿，后调任蔡州教授。主簿、教授两个官职，均不过八品。

宋哲宗元祐二年（1087年），一次北宋王朝最高级别的人才选拔考试——制科考试即将科行，做了定海主簿和蔡州教授这样小官的秦观，自然不会放过这个千载难逢的良机。他士气高涨，摩拳擦掌，准备向这场“天子自诏”的制科考试发起冲击。那么，制科到底是一种怎样的考试制度，以至于秦观如此高度重视呢？

制科不同于三年举行一次的“进士”“明经”一类的常科，它是由皇帝特别下诏并亲自主持，为选拔非常人才而特设的一种考试制度，倘若被录取，就可以获得较快的擢升。参加制科考试的考生必须由朝中大臣推荐，然后由六名考官先行考核，及格者才能参加由皇帝亲自主持的考试，即所谓的“天子下帘亲自问”。制科开设次数极少，在两宋三百多年的历史中，只举行过二十二次。制科对考生的资格审查也极为严格，能够参加考试的人很少，能够考中的就更少，考中而成绩优异者则少而又少。两宋时期考中制科的只有四十人左右，而考中进士的则有将近四万人，相差近一千倍。

秦观应召参加“贤良方正能直言极谏”制科考试。“贤良方正”是说文学出众、道德端正，“能直言极谏”是指善于策论，敢于向皇帝提意见。苏轼、鲜于侁共以“贤良方正”荐秦观于朝，应制科。秦观十分重视此次考试，不仅把应制科看作进身之道，还认为这是展示胸中才华抱负的良机，故而精心准备了策三十篇、论二十篇，对新法停止执行五年来国家政治、经济、军事各个方面的状况作了一个全面审视。

然而此次应制科秦观无功而返，原因并非其成绩未能及格，而是被人以“莫须有”的罪名加以诬告。秦观之所以受到攻击，是因为他与苏东坡的亲密关系及在党争中的鲜明态度。

秦观在《朋党》一文中云：“臣闻朋党者，君子小人所不免也。人主御群臣之术，不务嫉朋党，务辨邪正而已。斜正不辨而朋党是嫉，则君子小人必至于两废，或至于两存。君子小人两废两存，则小人卒得志，而君子终受祸矣。”开始，秦观就以“自古有之”的论断对朋党表态，重要的是对朋党不能一概而论，要区分邪正，严格区分“君子”“小人”两类不同性质的朋党。否则就有可能导致君子、小人或两废或两存，而两废、两存的结果都是小人得志，君子遭殃。其中影射洛党为邪党、小人，应“废”之；蜀党为正党、君子，应“存”之。

这些言论无异于引火烧身，必然招致洛党攻讦，秦观终因论朋党文辞冒犯洛党而未被录取。此外，因亲附苏轼，秦观被视为旧党，自此受党争的迫害便从未间断。

其实在秦观入仕之初，适逢北宋朋党斗争日益激烈之际，秦观亦身不由己地陷入了这场残酷的政治旋涡之中，无法自拔。

秦观登科后不久哲宗即位，主张变法的王安石也在不久之后病故。哲宗尚且年幼，故由高太后摄政，废除新法，政治形势又起了一个反复，起用元祐党人，即旧党之人——司马光为相，苏轼亦被召还朝为礼部郎中，擢为翰林学士。

元祐五年（1090年）五月，秦观在蔡州任上寂寂五年后，终于在苏东坡等人的力荐之下，得以回京任秘书省正字，进入秘书省工作。

元丰改制以来，把本是主管图籍的职能部门崇文院（昭文馆、史馆、集贤院三馆的通名）与具有行政职能的文化机构秘书省合并为一，馆阁作为图书之府的功能已被秘书省所取代，但是因为宋人对馆阁制度的留恋，改制后的秘书省(包括南宋)仍以三馆秘阁称之，秘书省职事官著作郎、著作佐郎、秘书郎、校书郎、正字，也依旧被视为馆职。

作为承担着“教化渊源之所出，礼乐揖让之所司”功能的典籍文献，历来为统治者所重视。北宋时期的馆阁集图书之府、著作之庭、校文之处三者为一体，其重要性不言而喻。馆职也被看作文人身份学识的名片，一经此职，遂为名流，因此，馆职的选任也格外重要。正如宋人杨杰所说：“图箓秘藏，上帝名之册府；贤能丛聚，前古谓之蓬山。岂徒收校籍之勤，盖所重育材之地。文章翰墨，得士为多，辅弼公卿，由此其选。”

秘书省正字虽然只是个从八品的微职，但是“职业简清，宠光优渥”。能够正式进入馆阁，对于秦观而言是莫大的殊荣，正如他所言：“馆阁者，图书之府，长育英材之地也。从官于此乎次补，执政于此乎递升，故士非学术艺文屹然为一时之望者，莫得而居之，可谓天下之妙选矣。”可见，馆阁既是典籍之西昆，又是育才之蓬山，作为朝廷的长育英才之地、储才待用之所，公卿贵人、廊庙之具、帷幄侍从均由此途而出，这里既是高级人才的储备库，又是仕宦的捷径和平台。

一般来说，一旦担任馆职，就等于确定了其光明的前途。然而，秦观却在任职不久，又因洛党一派的朱光庭、贾易诋其“素号薄徒，恶行非一”而被罢去太学博士。所谓“薄徒”“恶行”，是指秦观在蔡州为官期间，与坊间歌女多有往来，这成为政敌攻击他的主要罪证。他们借机攻击秦观，说让他这种“薄徒”任职秘书省，是对文馆的一种侮辱。接二连三的政治迫害，使得秦观大受打击，他开始对从政灰心，且有退隐之意。

元祐七年（1092年），由于旧党得势，苏轼被召回朝廷重用，作为苏门四学士之一的秦观，由范纯仁举荐能胜任“著述之科”，被召为宣教郎、太学博士，迁秘书省正字，兼国史院编修官，授宣德郎，参修《神宗实录》。数月之间，拔擢连连。

此时是秦观仕宦期间最顺遂的时候，亦为他一生最惬意的日子。常言说“人逢喜事精神爽”，此时的秦观“蛰伏”在苏氏的羽翼之下，仕途畅达，文心大展，颇有一种如鱼得水的快感。

一日，词人“下班”后走出宫城的左掖门，看着在夕阳中铸有金凤的城门楼熠熠闪光，拂掉翩然坠落到衣襟上的秋叶，走出城门来眼见京城的繁华夜景，忽然间产生了一种幻觉，仿佛自己就是从那云雾缥缈的天宫中走出来的一般。想到自己多年打拼，今日终于有幸成为京官中的一员，豪情顿生，诗兴大发，作《晚出左掖》一绝：“金爵觚棱转夕晖，翩翩宫叶堕秋衣。出门尘障如黄雾，始觉身从天上归。”

元祐八年（1093年）九月，支持旧党的高太后去世；十月，十八岁的宋哲宗亲政，开始大加挞伐旧党之人，使得旧党一派的苏轼、黄庭坚等人相继遭贬。作为苏轼的门生，秦观官达未久，难逃厄运，也被卷入派别之争中。

绍圣元年（1094年）四月，秦观被贬出京，任杭州通判。从此开始了一再贬谪、流离至死的坎坷命运。

在离开西京洛阳之前，他又重游西园，感时伤今，人世沧桑给他以深深的触动，于是作《江城子》以抒发愁苦：“西城杨柳弄春柔，动离忧，泪难收。犹记多情曾为系归舟。碧野朱桥当日事，人不见，水空流。韶华不为少年留，恨悠悠，几时休？飞絮落花时候一登楼。便做春江都是泪，流不尽，许多愁。”

词中虽然一再抒发愁苦惆怅，但是在他的思想深处，在他的潜意识中，充满了对京都“多情”人、“当日事”的深深留恋。这时候，京城的西园雅集，诏赐花酒，虽然都成了南柯一梦，但是他还存有幻想，虽然已经意识到前途困难重重，要达成自己在仕途上飞黄腾达的夙愿实非容易，但还是希望自己有朝一日能够重新回到朝廷。

在赴任杭州通判途中，御史刘拯状告秦观在重修《神宗实录》时，随意增损，诋毁先帝。于是他又被以“增损神宗实录”罪贬往处州“监酒税”。从此闻名天下的才子秦观，沦为一个地方小官。

在处州，秦观过着“市区收罢鱼豚税，来与弥陀共一龛”“偶为老僧煎茗粥，自携修绠汲清宽”的生活。平日他在集市上收税，不废俗事；办完公差，为了排解心中的愁闷，便常常来到竹柏深处的寺庙里参禅悟道。

这里没有官场上的倾轧排挤，也没有闹市的纷争喧哗，这里的一切皆蕴含身随物化、随缘任运的禅机，置身其中，胸中的烦恼与不快也会被这片幽静驱走。对于秦观来说，这里是人间的天堂、心灵的归宿，在这幽静的所在，他不再忙于奔走官场，没有了尔虞我诈、争权夺利，便能洒脱无拘，既可与僧人谈禅论道，又能为僧人抄写佛经。他还在法海寺的寺壁之上题写绝句《题法海平阇黎》，其诗云："寒食山州百鸟喧，春风花雨暗川原。因循移病依香火，写得弥陀七万言。"

"弥陀"即指《阿弥陀经》，为佛教净土宗经典之一，宣扬西方极乐净土"无有众苦，但有诸乐"，只要一心诵念阿弥陀佛的名号，死后即可往生净土。秦观原想在佛门净地摆脱世俗杂念，谁知这也成为罪证，他的政敌居然从《题法海平阇黎》这首诗里罗织出"谒告写佛书"的罪名，借此诬陷他专门请假到寺院写佛经。

绍圣三年(1096年)，四十八岁的秦观再次获罪，被"削秩"，迁到比处州更为荒僻遥远的湖南郴州。"削秩"就是将所有的官职封号去除，至此他被朝廷彻底弃置了。

其实在秦观遭到贬谪之前，虽不得驰骋抱负，却并不是全然郁郁不欢。毕竟青年时即得到海内文宗的推许，又有苏轼、黄庭坚、陈师道、晁补之等一干师友相处往来，功名未就而文名已成，也足以使人安慰。他的才华易于使人一见倾倒，而他柔弱的秉性、多愁善感的气质，其实也最易得到师友的照顾呵护。虽然一再遭到洛党的攻击，却终究还是一直处于师友的保护之下，未曾受到特别大的冲击与伤害。在仕途上他牢骚失意，有伤感，有消沉，却不是绝望无助，因为他还期许能够有一天重回朝廷，施展抱负。

直至此次削秩郴州，秦观再也看不到重回中原的曙光，他流露出难以自拔的悲苦凄凉。此次并非他一人孤身远徙，连保护自己的师友也纷纷遭受同样的厄运，那种举目无亲、前途渺茫的惶恐悲哀，便如洪水般冲垮了他的意志之堤，使他发出了惨痛的哀音。

行前，困顿无望的秦观面对自己困窘的处境和未卜的前途，神思恍惚地怔了怔，垂头丧气地作了《河传》词，以抒发愁苦：“乱花飞絮，又望空斗合，离人愁苦。那更夜来，一霎薄情风雨。暗掩将，春色去。篱枯壁尽因谁做？若说相思，佛也眉儿聚。莫怪为伊，底死萦肠惹肚。为没教，人恨处。”这里的愁苦程度比起《江城子》来要深得多了。他恨那“一霎薄情风雨”，即令他削秩郴州的诏命。他已经明显地感觉到“暗掩将，春色去”，对重新回到朝廷不抱任何希望，可见转徙郴州给他思想上的打击，是异常沉重的。

从浙江起程前往湖南郴州，路途遥远艰辛。无奈的秦观念及家中老幼不堪长途奔波，只能将全家几近二十口人另行安置。原来秦观在外出做官之初，就一直把母亲带在身边，以便早晚侍奉。此时，秦观的老母戚氏已逾七十高龄，而且又久抱末疾。加之“尽室幼累”，全家上下老老少少近二十人，实在不能再跟随他长途跋涉了。贬往瘴疠险恶之地自然是用心险恶，而贫困生活对遭贬者带来的困扰可能更在精神凌辱之上，须知贬谪的挫折感和失落感总是通过生活的变化体现出来的。

当秦观独自到达湖南时，已是隆冬时节，天寒地冻，旅途的辛苦再加上人地生疏，经济拮据，此时秦观的情绪低落到了极点。

绍圣四年(1097年)二月，朝廷对“元祐党人”又一次加重处分，秦观接到了编管横州的诏书。所谓“编管”，大约相当于现代的“管制”，如同被编入另册，发配某地，监视改造，其人身自由是受到限制的。编管时有专门的差役押送，如同囚犯。这样的处境，对文人出身、胸怀壮志的秦观来说，是莫大的打击和侮辱。秦观转徙不定，前途叵测，他十分悲愤，作《冬蚊》诗：“蚤虿蜂虻罪一伦，未如蚊子重堪憎。万枝黄落风如射，犹自传呼欲噬人。”在这首诗中，秦观将当权者比作蚤虿蜂虻和蚊子，想到自己是被那当权的蔡京、刘拯之流迫害诬告，才落得如此下场，不免对这些人发起讨伐，将一腔愤懑倾诉于笔端。

到横州的次年九月，秦观被“特除名永不收叙”，移送雷州编管。雷州地处雷州半岛，东临南海，北行不远便是北部湾海岸，隔海相望，那边便是越南。一贬再贬，最后秦观竟被贬到了“天涯海角”。

雷州因潮湿蒸郁而人烟稀少，渐渐地成为百兽出没的荒凉之地。雷州气候与江南迥异，“苍茫飓风发。怒号兼昼夜”。秦观则过着“灌园以糊口，身自杂苍头”的囚徒般的生活。由于精神和肉体受到过度的摧残，他那生命之火已愈渐微弱，他自己也深深感到了这一点。他在《自作挽词》中表露心迹，其中叹息：“奇祸一朝作，飘零至于斯……荼毒复荼毒，彼苍那得知”，反映出他遭受远贬的深悲极怨。

元符三年（1100年）七月，由于哲宗病逝，徽宗即位，政局有了变化，秦观在雷州遇赦，官复宣德郎，终于结束了漫长的流放生涯，他感慨万千，作《和陶渊明归去来辞》一首，其中的情感且喜且悲，难以言状，恐怕只有他自己才能体会其中的滋味。

历时七年的贬谪生涯，秦观先被徙任杭州通判，道贬处州，任监酒税之职，后削秩郴州，编管横州，最后又被移送雷州编管，连遭五次贬谪。

在被编管横州时，秦观还过着被监视的谪居生活，这严重消磨了他的昂扬斗志，使他更加郁郁寡欢。又加上一再遭贬，眼望离京师越来越远，归乡无期，秦观心中满是凄苦。

事实上，贬谪虽然是一种精神压制，以失败者远离权力中心作为一种羞辱，但也必然会是一种肉体折磨，加之贫困等原因，常会导致健康状况急剧恶化。

被投闲置散的秦观拖着羸弱的身体，好不容易挨到徽宗即位，大赦天下，贬谪者得以内徙。自从接到内迁的诏令后，秦观开始了与七年前贬谪边荒时近似的漫长旅程，依旧是奔波劳顿。此时，秦观的恩师苏轼也在遭受接连贬斥的厄运之后，受到了朝廷的召回。苏轼在离开海南之际，曾写信给秦观，师徒二人相约在徐闻县见面。两位志趣相投、情感深挚的师友，阔别已久，一朝相见，自然是悲喜交集。临别前，秦观把自己预写的一篇挽词给苏轼看，“其语哀甚，读者悲伤之”。秦观仿佛知道自己大限已近，苏轼看了挽词后，以“齐死生，了物我，戏作此言”来安慰秦观，“遂相与啸咏而别”。孰料这一别竟是永诀。元符三年八月，五十二岁的秦观因长期抑郁致病，客死藤州。

由此可见，壮志凌云的秦观一生都在党争的夹缝中生存，在失意苦闷中度过，成为“古之伤心人”。张文潜曾作《祭秦少游文》云：“呜呼！官不过正字，年不登下寿。间关忧患，横得骂诟。窜身瘴海，卒仆荒陋。”道尽了秦观坎坷的一生，句句痛彻心扉。一代文人，命运竟是如此坎坷曲折，最后竟愁病交加，死在荒蛮之地，实在令人感慨。

秦观在科场宦海中沉浮，先则为亲老之命、生计所迫，奔走于科举之中，中进士时已三十七岁；继则“京国鬓如丝”入仕，本想有一番抱负，谁料却仅任太学博士兼国史院编修等小官，还受累于党派纷争，备受诋毁，迭遭贬黜，功业难就。这些不幸的遭遇，使他丰华流逝，忧郁伤怀，过早地结束了生命。

4. 一代词宗

秦观是一个拥有多方面才情的词人，诗词文赋俱佳，有《淮海集》四十卷、《后集》六卷、《长短句》三卷行世，其中汇集了文、赋三十二卷，诗十四卷，词三卷。秦观在中国文学艺术史上地位尊崇、影响深远，在诗、文、词、赋方面都有极高的成就。其诗被王安石赞为“清新妩丽，鲍谢似之”；其文被黄庭坚赞为“少游五十策，其言明且清，笔墨深关键，开阖见日星”；其赋被苏东坡誉为“有屈宋姿”；其词历来为论者所推崇。

冯煦赞赏其词：“所为词寄慨身世，闲雅有情思”“他人之词，词才也；少游，词心也。得之于内，不可以传”“其淡语皆有味，浅语皆有致”。张炎称赞其词：“体制淡雅，气骨不衰，清丽中不断意脉，咀嚼无滓，久而知味。”周济赞其词：“少游最和婉醇正。”胡薇元称扬其词：“《淮海词》一卷，宋秦观少游作,词家正音也。”楼敬思钦佩其词：“风骨自高，如红梅着花，能以韵胜，觉清真亦无此气味也。”陈廷焯欣赏其词：“词理莫深于少游。”王国维夸赞其词：“少游词境，最为凄婉”。

这些评价虽然过高，却也可见其盛誉。秦观虽拜师苏轼，与黄庭坚、晁补之、张耒并称为“苏门四学士”，并且深得老师赏识，但是他的词却并没有沿着老师开辟的“一洗绮罗香泽之态”、抒发士大夫逸怀浩气的方向发展，而是远绍花间、南唐遗韵，吸取了晏殊、欧阳修词的含蓄蕴藉，将忧郁阴柔的个人气质融入其中。

秦观词的题材比较广泛，但写得最多的还是男女恋情、离情别绪。对笔下的女性，秦观抱着同情尊重的态度，较少冶艳之词，常常能从情境与心理入手写出女性对真挚爱情的向往。在这些情爱词中，以《鹊桥仙》最为有名："纤云弄巧，飞星传恨，银汉迢迢暗度。金风玉露一相逢，便胜却人间无数。柔情似水，佳期如梦，忍顾鹊桥归路。两情若是久长时，又岂在朝朝暮暮！"

词中所说的牛郎织女的爱情故事，由来已久。在秦观之前题咏牛郎织女故事的作品不少，多以代诉相思之苦、分离之哀。秦观这首词却能自出机杼，不言一年一度相会的短暂，而重在描绘牛郎织女鹊桥相会情境之美好，歌咏他们的爱情忠贞久长。"两情若是久长时，又岂在朝朝暮暮"，秦观如此"阐前人所已发，扩前人所未发"，消解了以往七夕词中的凄怨哀伤色彩，也使这首爱情词具有了沉着高远的韵致，久传不衰，堪称绝唱。

此外，他还常常把男女的思恋怀想、悲欢离合之情，与自已政治上的坎坷际遇、生活中的困顿经历结合在一起，使他的情词带有鲜明的惆怅伤感的个性色彩，情致蕴藉含蓄，费人揣摩。

如《满庭芳》一词就在抒写恋情悲苦之中，夹杂了世情的辛酸。词云："山抹微云，天连衰草，画角声断谯门。暂停征棹，聊共引离樽。多少蓬莱旧事，空回首、烟霭纷纷。斜阳外，寒鸦万点，流水绕孤村。销魂，当此际，香囊暗解，罗带轻分。漫赢得青楼，薄幸名存。此去何时见也？襟袖上、空惹啼痕。伤情处，高城望断，灯火已黄昏。"

开篇三句以实笔写别时所闻所见的深秋景物，极目天涯，一派高旷辽阔中的冷峻与衰飒的气象，萧飒中隐含着别离之意。暮霭苍茫之间，不直言儿女情长，而是追怀往事，其山水之吟也染上了他强烈的个性色彩，以“无言”之笔言说一身微官濩落、去国离群的游子之恨。

秦观本性多愁善感，他这类言情伤别之作，是发自心灵深处的肺腑之言。而且他又将自己丰富的经历、闪光的才华、曲折乖舛的人生融入词作之中，使其蕴含着强烈的自我感受。此外，他还善于通过凄迷的景色、婉转的语调表达感伤的情绪。因此，他的词句寓情于景、借景寄情，尤为动人。步入仕宦之途后，在激烈党争的形势下，被卷入政治旋涡的秦观身不由己，人生路途更为艰难坎坷，一再遭受贬谪之苦。此时，他词作中的“艳情”色彩逐渐退却，“身世之感”明显地凸显出来，内心的哀感更为深沉浓重。

正如王国维所说：“少游词境，最为凄婉，至‘可堪孤馆闭春寒，杜鹃声里斜阳暮’,则变而凄厉矣。”秦观的词境由早期的凄婉变为凄厉，哀怨失意至极，正是由这首《踏莎行》开始的。前文说到，哲宗绍圣三年，秦观接到削秩郴州的诏书，此词即作于在郴州之时。

《踏莎行》词云：“雾失楼台，月迷津渡，桃源望断无寻处。可堪孤馆闭春寒，杜鹃声里斜阳暮。驿寄梅花，鱼传尺素，砌成此恨无重数。郴江幸自绕郴山，为谁流下潇湘去？”

这首词所抒发的感情，确实可以用“凄厉”来形容。现实是如此无奈，秦观因为卷入新旧党争，一再遭贬，最后贬徙郴州，并削去了所有官爵和俸禄。对于自己不幸的遭遇，秦观满心悲苦，欲寻觅世外桃源以栖身，但放眼望去，重重迷雾已笼罩了楼台，月色苍茫，使人连渡口的方向都难以辨清。在一片苍茫凄迷之中，只剩下无可奈何的悲叹了。

词人客舍孤馆，身置羁旅的孤单中，又被料峭的春寒、凄切的杜鹃啼叫声和沉沉的暮色所包围，内心之孤苦真是不堪忍受。秦观的伤春里边，没有被今昔离合悲欢的某一个特定情事或人物所局限，他所写的是内心深处的最细微的体会，所以写得耐人寻味。他的感觉最敏锐、最纤细、最容易被触动，能写出对美好光阴、美好花朵的那份爱惜和珍重；写出对不能长久保留的美好的事物的哀婉和叹息。虽然词中没有直接描写词人的情感，但这一系列的意象已经衬托出了词人的悲苦绝望。

被贬至蛮荒之地，与亲朋隔绝，偶来的书信不仅不能给词人以慰藉，反而使他增添了重重怅恨、孤苦，增添了思乡怀归之情，让人更难释怀。一句“砌成此恨无重数”，真切地表达了被遗弃的末路之人的强烈悲感。最后“郴江幸自绕郴山，为谁流下潇湘去”笔锋一转，埋怨郴江本来绕着郴山流就可以了，却不知为了何人要流到湘水中去。对兀自奔流的无情江水的埋怨，暗喻自己欲归而不得，表达了对自己命运坎坷的无可奈何。

秦观将流放中的悲苦、孤独、无奈抒发得曲折幽微、含蓄委婉。相传苏轼绝爱此末二句，秦观去世后，苏轼叹惋地说：“少游已矣，虽万人何赎?”一样经历过远贬迁谪之苦的苏轼，与秦观有着共同的命运遭际，或许最能体味其中的情愫。

## 二、 迁锡始末

前文说到，秦观祖籍高邮，这个说法是有据可依的。根据秦氏家谱记载：“秦氏自受姓以来，游圣门者有四。唐时籍属会稽，天宝末分徙高邮左厢里。”这里的“游圣门者有四”，指的便是孔子七十二个弟子中有四人为秦姓。秦观家族唐代时生活在会稽，在唐天宝年间，秦观的祖先由会稽迁徙到高邮武宁乡左厢里。

秦氏本是高邮淮海后裔，何以迁至无锡？这就不得不提到那句“讵得踵三隐，山阿相与邻”。这句诗出自秦观的《同子瞻参寥游惠山三首》的第二首。

诗的标题中提到了两个人：子瞻和参寥。子瞻即北宋文学家苏轼；参寥即诗僧参寥子，与苏轼、秦观为诗友。

宋元丰二年(1079年)初，秦观要由家乡高邮前往会稽探亲，自叔父秦定在熙宁三年(1070年)考中进士，任职会稽后，秦观的祖父承议公也跟着二儿子前往。一晃已经九年了，祖父年事渐高，加上叔父公务繁忙顾不得回乡省亲，秦观十分想念他们，决定动身到浙江会稽探望祖父和叔父。

此时恰逢苏轼自徐州徙往湖州，途经高邮，于是与少游以及道潜和尚参寥子在高邮会齐，乘其官船一同南下。三人一路且行且游，诗词唱和，兴致盎然。在途经无锡时，三人商议，决定同游惠山。

五年前苏轼已游过惠山，那时他不堪王安石等人“以杂事诬奏”加以迫害，为了避开汴京这个政治旋涡，他以开封府推官通判杭州。在此期间，苏轼频频往返于杭州与湖州、润州、秀州、常州、姑苏、无锡间，公务之余，流连于江南的湖光山色中。

苏轼登过钟山、焦山、茅山、虎丘等，其中每一座山都不乏突兀挺拔，也不乏俊秀婀娜，然而，众山竞秀，他尤对惠山更为钟情。

那次的惠山之旅，苏轼以茶为缘，与钱安道兄弟一起，烹饮“森然可爱不可慢，骨清肉腻和且正”的小龙团茶，在氤氲茶香中，写下了“独携天上小圆月，来试人间第二泉”的名句。

五年后，苏轼故地重游，与知己秦观、参寥一起，登临山水，赏玩从游，唱和颇多，相得甚欢。他在《游惠山》诗《序》中记述了此事，“余昔为钱塘倅，往来无锡，未尝不至惠山。既去五年，复为湖州，与高邮秦太虚、杭僧参寥同至”。

山石荦确，三人一边说笑，一边沿着盘旋在惠山九龙脊上虬曲蜿蜒的小路登山，不觉已来到山顶，放眼远望群峰，顿觉心旷神怡。走进山巅的惠山寺，他们看到了唐代三位诗人王武陵、窦群、朱宿为惠山题写的三首诗。贞元四年（788年）八月，曾做过谏官的王武陵，与他的两位僚友朱宿、窦群会于惠山精舍。仲秋时节，皓月当空，凉风习习，三人逍遥于长松之下，偃息于盘谷之上，清谈玄言，好不惬意！此情此景，大有乐天知命、超凡脱俗之感，于是赋诗导意，吟咏秀美景物，各赋五言古诗一首于惠山寺壁。

惠山之景，令人心旷神怡。难怪古往今来众多的墨客骚人，尽管其所处时代不同、身世不同及学识造诣不同，然至此无不勃发诗情。苏轼、秦观、参寥三人沉浸在自然胜景之中，又有感于唐人诗的“其语精简”“出尘之姿”，于是追随使用唐人诗的风格和韵脚，各作诗三首。

苏轼率先吟道：“梦里五年过，觉来双鬓苍。还将尘土足，一步漪澜堂。俯窥松桂影，仰见鸿鹤翔。炯然肝肺间，已作冰玉光。虚明中有色，清静自生香。还从世俗去，永与世俗忘。”诗中不仅写出了惠山清幽之景，还写出了置身其间怡然自得的感受，表达了“还从世俗去，永与世俗忘”的情怀，意在抛开世俗之纷扰，获得一种心灵的宁静高远，并以此为最大的快乐与理想境界。

秦观选择了一块隆起的山石登了上去，踞此远眺，恰逢天朗气清，碧空如洗，极目南天，便可见一抹黛青，炙热的阳光照着万顷湖水，水光在风中翻动，仿佛燃起耀眼的金光，此刻恩师苏轼的那句“水光翻动五湖天”闪现在他的脑海。秦观暗暗赞叹老师的诗文及才华，到底是老师的大手笔，一句就写尽太湖日照下的壮观。再往下细细思量，秦观不禁又自卑起来，想起了自己虽然勤学苦读，却遭遇科考落榜之事，一股落寞、委屈的思绪涌上心头。苏轼见秦观呆呆地立在那里，眉头深锁，神情黯然，不知他想着什么心事，就悄声问他在想些什么。苏轼对于秦观的学业和前途处处关心，尤其对他的政治前途，更是倍加关注，一有机会他便向朝廷举荐秦观。

为了不让老师看出自己的沮丧与惆怅，为自己担心，秦观尽可能地将自己的哀伤掩饰起来，忙推说自己在想诗。他脱口吟道：“洞天不知老，金界无栖尘。缅彼人间世，乌蟾阅青旻。讵得踵三隐，山阿相与邻。”

前面提到的那句“讵得踵三隐，山阿相与邻”，即是秦观所作诗篇《同子瞻参寥游惠山三首》第二首的最后一句，这句诗的字面意思是说，希望能仿效前辈山林隐逸，使得自己能与惠山的山水相伴。诗中所说的三个隐者就是唐代的三位诗人王武陵、窦群、朱宿，“山阿相与邻”则表达了秦观对惠山山水的无限留恋与向往。

元符三年，秦观被复命宣德郎，放还横州。当年八月行至藤州，出游华光亭，忽然感到口渴，于是向随从要一杯水喝，等到随从取回水，递给秦观的时候，才发现他已含笑而去了。秦观最终客死异乡，秦观之子秦湛千里扶柩，归葬父亲于扬州秦氏祖坟。

惠山有“江南第一山”之称，屹立于碧波万顷的太湖边，有山海之灵气相助，素以名山胜泉闻名。九峰连接，山形奇丽，西面临水，林木荫翳，山谷深幽，奇峦巨石，山路悄然，在诗人笔下，惠山“下有寒泉流，上有珍禽翔。石门吐明月，竹木涵清光”，境界十分清幽，让人如临仙境。秦观与友人在此同游，赋诗记游抒怀，忘却了尘世的烦恼。

秦湛顾念着父亲老迈之年谪居南荒、飘零至死，为了实现父亲的遗愿，给父亲孤寂的亡灵稍许慰藉，最终将秦观的棺柩从高邮的祖坟迁出，葬至无锡惠山的支脉蔡龙山。秦观的墓园选在惠山二茅峰自东北向西南迤逦而下至东大池谷地的山脊上，四周翠峦环抱。此处左右各有一个支脉环拥，俨如双阙。从自然形势观之，确实颇具气象。从墓前眺望，可以隐约见到太湖烟波浩渺，波涛翻滚，水光接天。秦观生前仕途坎坷，常有归隐山林之心。死后安葬在此处，背依苍山，俯瞰波光云影的太湖，林石幽深秀丽，算是最佳归宿了。

因秦观长眠于无锡惠山，他的第十一世孙秦惟祯遂在宋淳祐年间迁至无锡居住，锡山秦氏这才算在无锡扎了根。正如锡山秦氏后人秦蕙田在宗谱《乾隆丙寅谱序》中所说：“今谱之可考者，则自宋淮海先生始。先生之子处度公为常州倅，迁葬先生于无锡之璨山，因家武进新塘乡，是为毗陵治（始）迁祖。十传而瑞五公迁无锡。”根据无锡方志和秦氏宗谱的记载，居住在无锡城内的秦氏家族，来源于无锡县富安乡的胡埭镇，而胡埭秦氏又是从武进县新塘乡的秦村迁徙而来。

在无锡秦氏宗祠的咏烈堂里供奉的画像，似乎也可以从侧面印证秦蕙田的这段话。祠堂的正中挂着秦观的画像，其左挂着秦观的儿子秦湛的画像，两人都身穿华丽的朝服。秦湛致仕后，念其父葬于无锡，于是择地居于晋陵新塘乡，以姓氏将村子命名为秦村。

而右边挂的则是一个头戴儒生方巾、身穿布袍的平民的画像。这个颇不显眼的人就是秦惟祯(瑞五)，他从秦村迁至无锡县富安乡的胡埭镇，成为秦氏家族无锡分支的始祖。

秦惟祯为何要从秦村迁至无锡县富安乡的胡埭镇呢？谁肯无缘无故地背井离乡，跑到举目无亲的地方去呢？原来秦惟祯此番背井离乡，也是因家道中落而外出寻找出路的无奈之举。

自秦观之后，其子孙的官职一直呈下降的趋势。秦湛曾任常州通判，通判之职是兼行政与监察于一身的中央官吏；其孙仅为直讲，在国子监内辅助博士讲授经书；其重孙则只获得了品级最低的县主簿职位。到宋末，就是这样低的官职在这个家族里也难以找到了。

由于田产一代一代地分割，传至秦观的十世孙——秦谟，便已是家道中落了。秦谟为一介寒儒，他的原配虽贤淑淳厚，却一直无嗣，晚年续娶的继室为他生了三个儿子。当秦谟七十五岁去世时，次子秦惟祯年纪尚小。

不久之后，秦惟祯的母亲也去世了。他幼年失去双亲，而且家贫无以为计，备尝艰辛。生活上的艰苦、精神上的寂寞，锤炼着这位少年的心，使他在孤独的人生道路上突然“长大”，秦惟祯决定独自到异乡谋生。

他带上自己的随身衣物，向着东面的无锡进发。当时的无锡县已经是一个中等城镇。到了晚上他已走了十八里路，到达属于无锡地界、位于无锡西南的一个叫胡埭的小镇。因徒步赶路而疲惫不堪，看看天色渐晚，又看看四周环境，秦惟祯思量半晌后决定躺在一座名为状元桥的桥上休息，准备次日早晨继续赶路。

这座桥的桥名是有象征意义的。状元是科举制度的产物，是授予殿试第一名的头衔，人们将高中状元称为独占鳌头。这座桥便是为了纪念无锡第一位状元蒋重珍而建，此人为南宋胡埭人，嘉定十六年（1223年）高中状元及第。

就在秦惟祯夜宿状元桥的当晚，一个住在胡埭、名叫王野舟的人做了一个奇怪的梦。在梦中，他看见一只美丽优雅的白鹤昂首站在状元桥上，桥下成千只小鹤欢快地展翅飞舞。醒来后他感到十分诧异，次日一早便匆匆携夫人，准备按照梦的指引，到状元桥去一探究竟。

他们远远地便看见一个年轻人在桥上熟睡，走近来细细端详，这陌生人虽然看上去满面风尘，长得却不像是粗野的农夫，更像是个书生。王氏夫妇轻轻地把他唤醒问话，一番简单交谈之后，王野舟认定梦中之鹤应当就指此人，那些小鹤代表的就是他的众多子孙后代。

王氏夫妇把这个惶惑的、潦倒的年轻人带回家，悉心照料，视如其子。恩公王野舟没有看走眼，秦惟祯果然是一个优秀的书生，在本地考中了秀才。

男大当婚，秦惟祯到了要考虑终身大事的年纪了。王野舟提出，想将自己的一个女儿许配给他。王家虽然家道殷实，方圆百里内数一数二，但世间好事难得圆满，王野舟夫妇膝前无子，只有三个女儿。那时候，家里如果没有男孩叫绝后，这可犯了“第一大不孝”之罪。 老夫妇一直为身后无人祭扫坟墓而感到忧虑，他们想通过招女婿上门的方式，让秦惟祯入赘王家为婿，这样一来，小夫妇的头生子就可以名正言顺地姓王，以赓续其岳父的香火，保证了身后有人祭祀。

“入赘”的做法虽然不甚平常，但也并非绝无仅有。一般都是由一个无子之家向家境贫寒的新郎提出的要求：不是妻子嫁到婆家，而是丈夫到岳父家入赘。在传统社会中，男子做上门女婿通常都是迫不得已的，大多数男人以之为屈辱，认为是件十分不光彩的事，很少加以考虑。

秦惟祯当时或许会感到羞耻，但因感激王氏夫妇的恩情便也同意了。对秦惟祯来说，这也是一个实实在在将他从困境中解脱出来的好事。

王野舟的女儿容貌端庄，性情贤淑，知书达理，在婚后为秦惟祯生下三个儿子，一家人的生活虽不是大富大贵，倒也平安和顺。由于秦惟祯无意功名、爱好自然，便借岁寒三友之名，给自己的三个儿子依次冠字为松隐、竹隐和梅隐。这其中蕴含了父亲对儿子的殷切希望，他希望自己的孩子如君子一般，自强不息，清华其外，淡泊其中。

从小饱读诗书、知书达礼的王氏具备了好妻子的要素：母性、慈爱、包容、体谅。她的这些性格，对松隐、竹隐和梅隐的教育，有着难以估量的积极作用。三子皆注重个人修养，皆是忠孝仁义之士。这种德行也影响着其后世子孙，竹隐、梅隐两公后代最为繁盛，秦氏后代有史可寻的，大都是他们的后裔。

## 第二节　散叶锡山　谱系分支

宋末元初时，秦惟祯迁家至无锡，从此，秦氏这一脉与无锡这座城市结下了不解之缘，他们在那里开枝散叶、繁衍生息。

自秦氏迁锡之后，锡山秦氏便在无锡代代相袭，家族逐渐扩大，日渐繁盛，门第声望亦不断显赫，称望于锡，历数百年而不绝。子孙繁衍，虽派别支分，甚少有他徙，故海内言氏族者，必首推锡山秦氏。

然而，秦惟祯只是居于无锡胡埭之富安乡，还并未迁至无锡城邑之内。直到元代末年，他的孙子秦彦和才从胡埭迁居至无锡城内六箭河北岸的玄文里。秦氏子孙繁衍，分居在大河上、小河上两岸。河上秦栋厦云连，鳞次栉比，跨师古河（即六箭河，现崇宁路）两岸都是秦姓住宅。清初，继而又向小娄巷、中市桥巷、东河头巷、虹桥下、新街巷、县前街、斜桥下、熙春街等处扩散，成为聚族而居的中心大家庭形态，为城中一大支派，其后裔被族内称为“河上秦”。其后秦德藻(字海翁)之后析为二十四房，为“河上秦”中尤为兴旺的支派。

明代成化二十二年（1486年），秦惟祯七世孙秦金又自胡埭之张舍迁居县城西水关，在此建宅尚书第，其后裔被族内称为“西关秦”。

河上秦与西关秦是城中秦氏家族的两大支系，其间人才辈出，或是隐士处子，或是乡绅名流，或是文人学者，或是封疆大吏，或是高官要员，或是保家卫国的英雄豪杰，或是抗暴除奸的仁人志士。锡山秦氏随着朝代递嬗、政治动荡而历经几番起落兴衰，却又在时代的巨轮下，薪火相传，绵延不绝。

## 第二章

# 孝友传家

自宋淳祐年间至今的七百余年中，秦氏家族绵绵瓜瓞。改朝换代和战火的洗礼都未能使其衰落，它依然坚固，有如磐石。是什么赋予秦氏家族如此顽强的生命力呢？或许我们可以从清代乾隆帝御赐的“孝友传家”匾额中找到答案。

“孝友传家”牌坊由御赐“孝友传家”匾额而来，匾额原在秦氏双孝祠，所反映的是明成化年间孝子秦永孚、秦仲孚兄弟争相为父秦旭刺胸取血治病，为母舐膝溃疡治疮伤的孝感故事。清乾隆十一年（1746年），高宗弘历（即乾隆皇帝）御书“孝友传家”匾额赐予秦氏。乾隆二十三年（1758年），秦裔建坊于寄畅园街。至今，御题“孝友传家”的复立牌坊还立于秦园街。

“孝友传家”牌坊见证历史、阅尽春秋，见证了一代代秦氏族人的孝行，也敦促着后世子孙继承“孝友”的优良传统，承袭孝友传家之风。

孝友传家牌坊

孝友即是对父母孝敬，对兄弟友爱，秦氏列祖都以孝友教育子女，这也是中国传统的道德观念。

“以孝弟为立身之本，以忠信为立心之基”，这是锡山秦氏家训之首语。秦氏家族对于孝友有明确的认识，并且形诸文字，以传示宗人子孙，使之成为秦氏家族的优良家风。锡山秦氏孝友的传统，早在家族迁锡之初就已形成。

秦惟祯的次子秦竹隐，励节操，敦孝友，奋志于学，博涉经史，能识大义，在乡里很受敬重。

竹隐公仲益之子秦彦和，其德行修持为人称道，“宗族称孝，乡党称弟”。

秦彦和之子秦季昇，不仅侍奉双亲尽心尽力，而且又因孟昇、叔昇两位兄长皆早逝，诸侄年少无依，于是将这些“幼而无父”的侄儿收养。他说：此吾兄之后，皆吾先人之后也。“幼吾幼以及人之幼”，秦季昇收养兄长家失怙的幼儿到自己家，视如己出，对他们悉心照顾，还教他们读书识字。因此，秦季昇因为恂恂孝友而闻名乡里。

秦季昇的善行也潜移默化地影响了他的儿子秦旭。秦旭在父亲病重之时，白天辛勤照顾，奉汤进药，夜间则衣不解带地守候在父亲身旁，“稽颡北辰，祈以身代，忧劳尽瘁，发有变白者”。父亲辞世之时，他悲痛欲绝。父亲去世后，继母尚在世，且重病在身，秦旭对继母华氏也极尽孝道。兄弟之间也是情重姜肱，秦旭的弟弟孤身一人，又因贫困而不能自立，于是秦旭终身抚育自己的弟弟。

孝顺父母双亲、和睦友爱兄弟，虽为伦常之事，却为一家之祥瑞也。受秦氏先祖的影响，秦氏后人也都谦和敦厚。豪门多几代便衰，但以“孝友”传家的家族却能子孙延绵。锡山秦氏家族向来以“孝友传家”的家风驰誉乡里，孝子悌弟者历历可数。“四百年中先后六孝子，江左佳话自古此一字。”明代有永孚、仲孚双孝旌门；后又有秦瀚、秦仁、秦德藻三孝承前；清代咸丰年间，还有堪称至孝的“后双孝”的萼翘、芝珊两兄弟，兄割股疗亲，弟万里寻父。正如《锡山秦氏双孝征文汇录》中的祠联所述：“弟寻亲，兄疗亲，弟兄两难，洵足垂名千古；前双孝，后双孝，前后相继，尤钦媲美一门。”

## 第一节 百善孝为先

我国民间有句俗语："百善孝为先，万恶淫为首。"在广袤的中华大地上，孝文化几乎无处不在、无处不有。这其中既有不少传说中的典故及遗迹，又有众多标志性的地名和建筑。尤其是二十四孝的故事，以戏曲、剪纸、皮影、石刻等形式广为传播，如"缇萦救父""黄香温席"等至纯至孝的故事，可谓是妇孺皆知。

"孝，天之经也，地之义也"。秦氏家族重孝，更是将"孝友传家"奉为家规遗训，可见其极为重视"孝"的观念。在秦氏家族中，"孝"不仅表现在事生，也表现在事死上。事生，即父母在世时，要养亲敬亲，居常以礼，侍疾以忧，行之以顺，谏之以理；事死，即对已故先人葬之以礼，继志述事。

# 一、 善事父母

“孝”字是一个上下结构的会意字，在金文中，整个字形像一个长发的老人用手抚摸一个孩子的头，大抵是表示长者与年青一代之间的亲密关系。

段玉裁注《说文解字》中“孝”被解释为“善事父母者，从老省，从子，子承老也”，意思是说一切顺承父母者为“孝”。

《诗经 · 小雅 · 蓼莪》有云：“蓼蓼者莪，匪莪伊蒿。哀哀父母，生我劬劳。……父兮生我，母兮鞠我。拊我畜我，长我育我。顾我复我，出入腹我。欲报之德。昊天罔极！”《蓼莪》抒发了失去父母的孤苦和未能终养父母的遗憾，连用“生”“鞠”“拊”“畜”“长”“育”“顾”“复”“腹”九个动词，直颂父母恩德。诗篇所表现的朴素自然的父(母)子之情，正是“孝”所生发的基础。

儒家从人们的思想和行为诸方面对“孝”的内涵给以界定：父母在世时，在生活上要“不亏其体”；在语言上要“不辱其身”；在思想上要“念而不忘”；居要致以敬，养要致以乐，病要致以忧。“善事父母为孝”，是一种从子女心里发出的对父母养育之恩的感激，也可以说是人类情感的一种自然反应，是至诚至爱的骨肉之情。

1. 养老敬亲

中国人历来重视孝道，甚至到了事无巨细的程度。古人讲的“孝”中虽然含有许多迂腐守旧的成分，但其养老敬亲的基本精神是永不过时的。

秦氏家族重孝，孝子为后人所尊敬，后世子孙也将前辈的关乎“孝”

的嘉言懿行记录在册。在秦氏宗谱中有这样一段记载："秦氏二孝子永孚、仲孚，俱封武昌知府，旭之子也。两人操行不同，而皆以笃行事亲著名，故称二孝子。永孚忠厚沉默，择言而发。……初旭生三子，长曰夔，以进士起家，二子居家侍养四十余年，左右无方，曲尽孝敬。"

永孚为秦旭次子，名旦，号养恬，以字行（"以字行"是"以字行于世"的意思，世人通常仅知其字，因为种种原因，多仅称呼此人的字"永孚"，而少用其名"旦"）。其弟仲孚，名奭，号务本，以字行。永孚忠厚沉默，择言而发；仲孚耿直，多才艺。兄弟二人虽然性格不同，却皆能做到尽心尽力地侍奉父母。

在上文的记述中，"居家侍养四十余年，左右无方，曲尽孝敬"，这短短十余字写尽了永孚、仲孚的种种孝行。在四十余年间，事事、时时、处处对父母起敬起孝，"冬温而夏凊，昏定而晨省"，尽心尽力，毫无差池，难怪秦旭会对他人说："此子不可使一日离左右也。"

孔子说："今之孝者，是谓能养。至于犬马，皆能有养；不敬，何以别乎？"孟子也说："孝子之至，莫大乎尊亲。"在这里，孔子、孟子都强调了"孝"的核心是"敬"。"若能养其亲而敬不至，则与养犬马者何异？"如果对父母的"孝"仅限于饮食的奉养，而没有尊敬的"孝"，这样对待父母又与对待犬马有什么两样呢？所以仅在物质方面简单地满足父母的生存需求，是远远不够的，为人子女要在奉养好长辈的基础上，做到发自内心地尊敬长辈，才能算得上"孝"。

秦永孚为人子，侍奉父母尽心尽力，不仅能养亲，更能敬亲。父秦旭不喜以俗事缠身、不愿被家政所累，秦永孚便不遗余力地代父打理家务，处理家内一应琐事。秦旭与乡里诸老结社，外出游玩，所到之处，永孚总是问询父亲的意愿，再准备干净的茶具、果蔬，以备父亲享用。正因为有了儿子永孚的精心侍奉，秦旭才得以优哉游哉地享受怡老生活。

“养可能也，敬为难。”孝子永孚奉养双亲却能做到乐其心。“孝者，顺其心”，如遇有父亲不高兴时，永孚则“长跪而色解之”，他的悦亲之道在于诚心。他悉心奉养父母，不仅在态度上对父母乐心养志，和悦敬亲，而且在行动上也时时处处行之以礼，以表敬意。

继“双孝”之后，秦氏又涌现出许多孝行卓著的子孙。虽然没有像“双孝”那样因孝旌门，但是他们“养老敬亲”的孝行也都为世人所称道。而且孝亲的传统一直延续了几百年，就是在秦氏衰落之时，秦氏子孙也仍然没有将其丢弃。其中比较有代表性的是秦瀚、秦仁、秦德藻三人。

秦瀚“性至孝，生三龄而失母龚，每以不及孝养为恨”。他一生未入仕途，主要是为了侍奉父亲秦镗，为此甘愿“力田供养，晨夕定省无间”。秦瀚不仅努力务农以供养父亲，还以礼敬亲，晨昏定省，从不间断。每逢父亲生辰这样特殊的日子，秦瀚“必偕兄弟盛供，具集宾友，率子侄罗拜力寿”。拜寿礼毕，秦瀚还特地设寿宴待客。众儿孙举杯向端坐堂上的老寿星秦镗祝寿，其乐融融。

秦瀚在父母健在之年，尽其孝敬之心，做到尽心关爱，尽力奉养。在父亲生病时，秦瀚夙夜视药食，不脱巾带数月。他侍奉在侧，并且诚心向天祷告，乞求以身代父，承受病痛，让老人安度晚年，发誓不留下“子欲养而亲不待”的终身遗憾。

秦瀚不但对父亲孝顺，对姑母也是菽水承欢，克尽孝道。他的姑母早孀，便请求秦镗以秦瀚为后。秦瀚如同对亲生母亲一样，侍养年轻时便失去丈夫的姑母。在姑母去世后，他还为其请丧于朝，所以后世称赞秦瀚“承父以后姑，全姑节以成志，可谓孝矣”。

秦仁从小便十分敬重和孝顺母亲，对母亲的训诫言听计从。他年少时喜欢豪饮，自从母亲告诫他之后，参加宴会时他再也没有喝醉过。雍正七年(1729年)诏举才能，授予他云南蒙自县知县的官职。入仕后，他念母情切，遂将母亲迎养于官署。在每日处理案件时，即使是对犯人施以用竹、木板责打背部、臀部或腿部的轻刑，也必定向母亲讲述一番，随后观察母亲有何反应，如果觉得母亲脸上略微浮现出一丝不悦，他便大惊失色，诚惶诚恐地询问母亲：“是不是我在断案时有不妥之处？”

秦仁严守母诫、善察言色的孝行形象地表现了“养亲必敬”的孝道情理。

秦德藻在乡里以孝友著称。父亲去世时，祖父母俱在。为了逃避战乱，秦德藻曾侍奉母亲居住于乡间，但因为祖父母年事已高，不便出城，于是，他便朝夕往返省视，盛暑中奔走，不少懈。

秦德藻为人孝友笃行，起到了表率作用，被赞誉为东南人伦楷模，在族内有很高威望。

锡山秦氏自始至终都有一个“敬老爱亲”的传统。多数子孙都以孝行见称，并以此教导、影响下一代，所以这一传统在秦氏经久不衰。世人以此作为无锡秦氏的特点，秦氏子孙也以此作为自己的行为准则。

老一辈的孝行故事在秦家流传，也影响了秦氏家族一代又一代的后世子孙。时至今日，孝友传家之风还在，且仍将发扬光大。秦光宇住在水秀新村，几年前，他年逾百岁的老母亲因生病而卧床不起。为了让老人保持身心健康，秦光宇每天都将自己的老母亲从二楼的住房里背到楼下，再用轮椅推着老母亲到篮球场散步，而他自己当时也已是七十多岁的高龄了。日复一日地照顾患病的母亲，这对年已古稀的老人来说，是多么不容易啊！更加难能可贵的是，秦光宇这一坚持就是好几年，直到老母亲离世。秦光宇的故事不仅在秦家内部，而且在他所居住的水秀新村都已传开了，秦光宇孝亲爱亲的事迹在社区居民中传为美谈。

锡山秦氏家族因为孝道家风，而老人寿、子孙贤。据史料记载，这个家族的人均寿命明显高于当时的平均寿命。子女孝顺、家庭幸福是老人长寿的最重要原因。而且由于家族世代以“孝”为家风，后世子孙多以“孝”为本，知诗书，达礼义，修身养性，以立高德，也使得家族兴盛，名人辈出。

2．忧年忧疾

“善父母为孝”，对父母的尊敬和赡养是“孝”的基本含义。孝，不仅是周全细致地照顾父母的日常起居，对父母事之以礼，更是对其忧年忧疾。

老年人体弱易生病，因此，中国传统孝道把“忧疾侍疾”作为重要内容。忧疾侍疾就是说父母要是生病，就要及时诊治，精心照料，多给父母生活和精神上的关怀。只有发自内心的爱与敬才是真正的孝，人内心世界的完美才是“孝”的最高境界。

《论语 · 为政篇》写道：“孟武伯问孝。子曰：‘父母唯其疾之忧。’”这是孟武伯向孔子请教孝的含义。

对于“父母唯其疾之忧”这句话的解释，自古以来就有两派。

一派如朱熹所说：“言父母爱子之心，无所不至，唯恐其有疾病，常以为忧也。人子体此，而以父母之心为心，则凡所以守其身者，自不容于不谨矣。”意思是说父母都爱儿女，爱子之心，无所不至，关怀无微不至，对于儿女的身体，更是关心，唯恐儿女有疾病，所以常常以此为忧。如果子女对待父母，能够付出像父母对自己孩子生病时那种程度的关心，才可称得上孝。另一派则如《孝经·纪孝行》所说：“孝子之事亲也……病则致其忧。”这两派观点的共同之处在于：强调了子女要关心父母的身体，为他们的疾病而忧心。

秦永孚、秦仲孚的父亲秦旭一直多病，晚年更是患上心痛病，十天左右就会发病一次，吃什么药都不管用。为了减轻父亲的病痛，永孚、仲孚兄弟俩四处奔走为父亲寻医问药，昼夜照顾父亲。在兄弟俩的悉心照顾下，秦旭病情好转，但是一年后又犯旧疾，而且来势汹汹，兄弟二人就更是没日没夜地伺候在老父床前。

永孚、仲孚为人子者本以奉养为先，当父亲患病的时候，更加留意父亲的身体状况，为了医治父亲的病痛，还遍查医书。仲孚认为：事亲者，不可以不知医。于是他博究方书药物，久之遂精其术，有专医名家所不能及者，这表现出的正是“唯其疾之忧”的孝思。更可贵的是，他们的孝子之忧，不仅只是忧思。他们曾看到医书中记载兔血有止心痛的疗效，随着秦旭病情越发严重，兄弟二人便尝试刺胸，以胸血代生兔血，用酒和之让父亲服下。秦旭服下后，心痛病竟然痊愈了。

永孚、仲孚的母亲殷氏不慎从楼上摔了下来，伤了膝盖，流了很多血，他们二人立即请了城内最好的大夫为母亲医治。可伤口因为天气炎热还是感染了，膝盖生疮，发炎流脓。限于当时的医疗条件，兄弟二人不惜以舌舔舐感染的脓疮，以减轻母亲的痛苦。他们白天按时给母亲擦洗伤口，小心翼翼地上药包扎，夜间还寸步不离地守候在母亲身旁为她打扇驱蚊。直到母亲发出鼾声入睡后，他们才去打会儿盹儿。

兄弟二人的孝行不仅在乡里广为传颂，还传到了常州。常州府知府龙晋查知二人的情况属实，在明成化九年(1473年)上书奏报礼部，请求予以表彰永孚、仲孚的孝行。在奏请时详细叙述了二人如何对父母悉心照料，上书写道："俱各自幼知孝道。伊父秦旭患心痛疾，医药罔功。二子旦夕吁天，以手熨之，发为变白，其疾得愈。天顺八年，前疾复发，痛决沉重。二子掐胸流血，以分父痛。医云兔血可疗。仓促难得，二子焚香祷告，乃掐已胸，以血和酒灌父口中，不复举作。成化七年，其母殷氏，登楼失跌，左膝破伤，流血淋漓。二子捧持，哀痛不胜，忧形于色，时当盛暑，脓血臭秽，人不敢近。二子躬亲洗涤，终夜以扇驱蚊。……难胜洗濯。二子辄以舌舔之，干脓始已，其疾终得痊愈。"三年以后，礼部批复常州知府说：该县给与官银三十两，行令本家自行起盖牌坊。旌表秦永孚、秦仲孚双孝之门。明宪宗盛赞永孚、仲孚的孝行超卓，御笔亲书"双孝"，以示旌表，以励风俗。

由朝廷正式赐予孝子称谓的人很少，兄弟二人同时获得这个称号的事例就更为少见。永孚、仲孚二人不仅被朝廷旌表，更得到明宪宗御笔亲书"双孝"的牌坊，这份嘉奖可谓恩泽隆厚，不可胜言。可是当孝宗御赐冠带给秦仲孚的时候，他却只是轻描淡写地说："子之事亲乃其常分，子而不为，谁当为者？”

永孚、仲孚二人不仅侍奉父母如此，对贫穷的族叔，二人亦是“岁衣而月食之，死则以葬”。秦氏“双孝”为秦氏孝行之典范，其后世子孙大都有孝行，这与“双孝”的影响不无关系。

秦氏承世孝之后，家法雍睦，与他族殊。锡山秦氏族人日夜以养亲为事，这是报答父母的养育之恩，更是一种基于血缘基础上的亲情使然。心存孝敬的秦氏子孙，承袭了秦氏以孝治家的传统，也为秦氏的兴盛与长久做了精神上的支持。

## 二、 追远继志

儒家思想认为，人的生命虽受之父母，但本质上却源自家族一种神圣的生命力量，家族的延续因此成为中国人思考一切的起点。先秦儒家对鬼神敬而远之，但却重视祭祀。《论语》中的“慎终，追远”、《礼记》中的“报本反始”，强调的都是对宗族中远逝的祖先要怀有追思之心。人们只有在追怀先祖的历史和事迹时，才能返回本原，不忘自己从何而来，对生命怀有感恩之心。

中国人自古崇尚伦理孝道，要求孝子对父母守一贯之礼。“生，事之以礼；死，葬之以礼，祭之以礼”，将敬祖与孝道联系在一起，生则敬养，死则敬祭，这才是敬祖尽孝的全部意义。

所谓“慎终，追远”，就是亲祖死，葬之以礼，祭之以礼。亲祖去世时，要妥善安葬，死事哀戚，符合礼制。“追远”就是通过祭祀祖先，使后人常存追念先人之孝思。这是在孝的本义的基础上，对于“孝敬父母”

的引申，由父子的直接关系延及祖孙，对于祖先亦讲孝，将以追念祖先、父母的思想和行为视为“孝”。

除祭祀祖先之外，还要依照祖先的规矩办事，把祖先传下来的事业发扬光大。《礼记·中庸》中说：“夫孝者，善继人之志，善述人之事者也。”这里的“志”和“事”译成今天的话，便是遗愿(志)、事功和经验(事)。“善继人之志”是指善于继承父母的志向，“善述人之事”是指接过父母的事业并把它发扬光大。古人将继承先祖遗志、完成父兄事业称为“追孝”。

长辈生前有一些远大的志向，由于种种原因而没能实现，做儿女的要接过这些艰巨的任务，尽最大的努力完成，并且发扬光大。司马迁撰写《史记》的初衷就是为了实现父亲的愿望，而班固也是因为继承父志而写成了《汉书》。他们都是把个人有限的生命，融入了历史的长河中，把自己看作是先人文化理想的实现者，并且在这充满人情和理想的历史中获得永恒。

“孝”以一种特殊的形式寄托了中国人的历史意识，它通过强调“继述先人之志”，表现出中国人所特有的那种为家庭、为民族乃至为国家负责，为子孙万代造福的精神。

孔子高徒曾参说：“慎终，追远，民德归厚矣。”这就是说要严肃操办父母的丧事，以祭祀的方式追念先祖，这样民性就可以归于醇厚了。秦氏家族向来注重慎终追远，以此来缅怀先人之泽，追忆先人之德，并将它视为维护家族凝聚和延续的一种信仰。

前文提到的孝子秦仁不仅以乌鸟之情养母敬母，在尊敬先祖方面也毫不疏忽，“春秋祭扫，遇祖宗公事，无不独立担当。如谕莹、归竹两山世墓，费金数千，无吝色，无诿辞”。秦氏祖冢自宋至清初，历十四代之传承，保存完好，这与秦仁的努力密不可分。乾隆十七年(1752年)秋，秦仁归乡之后，不顾自己年迈，每年都亲自去祭扫父母之墓，刈除杂草，填补塌陷之处；挂纸钱，上供品。这些行为无不表示孝敬，以尽报本之诚。“崎岖山岭，拄杖步行。自设祭至辞别，无不号泣依依，观者酸鼻。”令旁人感动的，或许就是那股能超越生死，甚至超越天地万物的力量。一个人生命即便逝去了，但其个人依旧被看作家族血脉的一环，因为家族还在不断地延续，就意味着他的生命仍存在于世间，仍然能够获得来自子孙后代的、经血脉相传的终极关怀。

在我国传统习俗中，最庄重的就是祭祖。中国古代帝王立庙祭祖，始于殷代。周天子有七庙，汉朝立有九庙以祭祖。以后历代相沿，到了明清时期，已逐渐形成了一套完备的宗庙祭祀制度。明清皇家凡婚丧、登极、亲政、册立、征战等国家大事，都要告祭太庙。

太和殿是紫禁城的中心，理应是至高无上的，但是皇家却让祭祖的太庙享殿高过皇帝主理朝政的太和殿，这反映出了中国古代礼制中皇帝虽位尊权高但不可压祖的思想。

明清帝王祭祖有四种形式：时享、荐新、袷祭、禘祭。“时享”是四季孟月之祭，也就是每个季节的头一个月要祭祖，所谓“因时变，致孝思，故备三牲黍稷品物以祭”，故名时享。“荐新”是每个月头一天要向祖先祭献新鲜时令食品的礼仪。“袷祭”是集合皇帝远近祖先的神祖（牌位）于太庙合祭。古时五年一袷祭，汉代三年一袷祭。明清一般于岁暮举行，也有春秋两祭的。“禘祭”是祭祀始祖、远祖的礼仪，如清代立国后追封的太祖之前的肇、兴、景、显四祖。

不仅历代帝王把祭祖作为“以孝制天下”的头等大事，名臣望族也都有祖庙宗祠，就连普通百姓每年清明节也要进行祭祖活动。因为尊祖敬宗观念的持续作用，家族的形成和团结也依赖于各式各样的祭祀活动，所以祭祀之礼能够传承千年而不衰。

秦氏家族同样重视祭祖，每到春秋仲月上戊日，即农历二月、八月的上戊日（按天干计算，每月有三个戊日，上戊日即第一个戊日），城乡子姓都要到淮海祖祠参加隆重的祭祀典礼，形成了定期省视祖墓、祖祠的风尚。

秦氏家族祭祀祖宗有一套祭祀程序，包括序立、参神、主祭以下皆跪、叩首、叩首、叩首、兴、主祭诣香案前跪、献帛、初上香、亚上香、三上香、初献爵、亚献爵、三献爵、读祝、叩首、叩首、叩首、兴、执事进汤饭、暂退、复位、主祭以下皆跪、叩首、叩首、叩首、兴、撤馔辞神、执事捧祝帛恭送燎所、望燎、复位、礼毕等繁复的环节。通过这些繁复的礼节可以看出，秦氏家族缅怀先人、虔诚祭拜，以祭祀祖先来表其尊祖重族的诚心。

前文提到的孝子秦德藻就是尊祖敬宗的楷模。“每岁举淮海祠，祭二璨山、祭龙山墓、祭二诞辰，在中春四日为大会者，岁计七。”他奉行古人收族敬宗之礼，报谢祖宗先人，联络族人亲戚，维护了秦氏家族内部长久的聚而不散。

时至今日，秦氏家族依旧定期举行祭扫活动，每逢清明，惠山二茅峰南坡的秦观墓旁，便会整齐地摆放着各地秦氏宗亲敬献的花篮。在秦氏族人的精心维护之下，清嘉庆年间竖立的青石墓碑上，“秦龙图墓”四个大字仍然清晰可见。如今的秦观墓，在秦观后裔的悉心打理下，已修葺一新。先祖秦观为后世子孙所景仰、敬慕，族人多尽心于祖墓的保护与管理，以表明其继承并发扬先德的决心。秦氏世墓也正见证了其家族世泽流长，从未有艾。

生者与逝者生命接续的过程，是秦氏家族从先辈获得如何生活下去之精神与道德原则的中介，是他们获得生命归宿感的基础。秦氏家族的祭祀，不仅是祭奠先人，更是通过一整套的礼仪，使“小我”之精神与祖先相沟通，获得“大我”式的存在。

正如著名学者葛兆光先生所说：“一个传统的中国人看见自己的祖先、自己、自己的子孙的血脉在流动，就有生命之流永恒不息之感。他一想到自己就是这生命之流中的一环，他就不再是孤独的，而是有家的，他就会觉得自己的生命在扩展，生命的意义在扩展，扩展成为整个宇宙。而墓葬、宗庙、祠堂和祭祀，就是肯定并强化这种生命意义的庄严场合，这使得中国人把生物复制式的延续和文化传承式的延续合二为一。”

通过举行隆重的祭祖敬宗、上坟扫墓等外在的活动，秦氏子孙不仅表达了后人对先祖的思念和虔敬之情，也使得家庭成员能够从中寻找到精神归属感。人类不是个人，而是家族的一分子，是家族生活巨流的主要部分。秦氏家族犹如一棵生长了近千年的参天大树，每个秦氏子孙的生命都仿佛是那棵树的一部分或一个分枝，以其生命来帮助全树的生长和赓续。每个人都在家族历史里扮演着一个角色，对整个家族履行其责任。

改革开放以来，散居在世界各地的侨胞、外籍华人纷纷来华寻根问祖，逐渐形成一股热潮。旅居海外的游子漂泊在异乡，仿佛命中注定要经受那么多的坎坷、那么多的磨难、那么多的悲欢离合。然而，最令他们困惑的是“脚跟无线如蓬转”的失落感和怀乡思亲的连绵乡愁。其中，既有“无根”的苦恼、“断根”的绝望，更有“寻根”的热忱……他们通过回乡寻根问祖的活动来寄托对祖先的缅怀和追思之情。有的海外游子还将他多年来艰辛寻根的结果，用英文写成《秦氏千载史》一书，后被译成中文，书名为《宗族之恋》，1993年在我国出版。

锡山秦氏，自秦观以来传续至今，在漫长的历史进程中，离合演化，甚是繁杂。为了帮助海内外锡山秦氏后人寻根问祖，寻找自己姓氏的源流，书中追本溯源，寻根问祖，透过纷繁复杂的历史资料寻觅秦氏之根，生动、翔实地介绍了锡山秦氏的产生、演变和涌现出的名人及相关胜迹等，弄清了锡山秦氏一族的来龙去脉。以平和舒淡的笔致和悠远隽永的情思，描绘出九百多年间锡山秦氏家族诸多动人的故事，塑造了不同时代风格各异的祖先形象，爬梳了自宋朝至现代的史事脉络。

锡山秦氏宗亲遍布世界各地，但他们始终没有忘记自己的根在中国，在无锡，在六箭河畔。此书的出版也进一步激发了锡山秦氏世代相沿的宗族意识和寻根热情，大大推动了海内外秦氏家族后人寻根问祖活动的深入发展。时至今日，来自美国、加拿大、澳大利亚等国及东南亚地区的秦观后裔仍陆续不断地来到无锡寻根祭祖。

地不分南北，人不论老幼；尊祖敬宗，天道人伦！秦氏家族的子孙慎终追远、善继其志，不仅在于敬奉祖先，更重要的是通过缅怀先人遗德，来垂范后代子孙，从而涵育秦氏子孙的道德与人伦品格，以便他们更好地面对人生之路。

秦氏家族这棵大树，虽历尽沧桑，却始终有“报本反始”的优秀传统文化滋养着根部，自然枝繁叶茂、生生不息、充满活力，更会代代有圣贤。秦氏的世代子孙以“奉先思孝”为美、为乐、为荣、为风尚，不断通过自己的孝行影响家族，改善了家族的风气，增强了家庭与家族间的凝聚力。

## 三、 立身行道

《孝经 · 开宗明义章》说：“身体发肤，受之父母，不敢毁伤，孝之始也。立身行道，扬名于后世，以显父母，孝之终也。”意思是说人的身体发肤都是父母给予的，不能私自损毁自己、伤害自己，这是孝敬父母的开始。人活在这个世界上，要不断修养高尚的品德，再把它推广给别人，让自己的名声传于后世，让父母的名气大增，这是孝敬父母的最终目标。孝，最早就是要从对自己的父母开始，然后对自己的国君，为自己的国家做出贡献，自己建功立业，最后功成名就，显扬父母。

“立身行道，扬名于后世，以显父母”的深刻内涵在于，子女应不辜负父母的辛勤培养和殷切期望，勤奋刻苦，建功立业，为社会做出巨大的贡献，给父母带来荣耀。

正如蔡元培所说：“而孝之为道，虽亲没以后，亦与有事焉。父母没，葬之以礼，祭之以礼；父母之遗言，没身不忘，且善继其志，善述其事，以无负父母，更进而内则尽力于家族之昌荣；外则尽力于社会、国家之业务，使当世称为名士伟人，以显扬其父母之名于不朽，必如是而孝道始完焉。”

因此，从这个意义上说，显扬父母之名是更高层次的对父母的孝敬。在古代，“修身行道，成家立业，效忠君国，扬名后世”被人们泛泛地称为“光宗耀祖”，虽然它包含着宗法社会的落后因素，但子女有成就，为社会做出贡献，确实会使父母感到莫大的安慰与荣耀。

在中国古代社会，科举及第、入仕为官是普通民众达成“立身行道”的重要途径。立身行道，光显宗亲，都要通过刻苦读书才能实现，因此诸多秦氏子孙精进习文，昼夜不懈，希望在科举考试中取得优异的成绩，并以此来实现个人处世的“立身行道”，得到社会赞赏的“显亲扬名”。

秦氏家族中的不少人都是以读书为士、科举做官，进而实现“立身行道，扬名于后世，以显父母”的。据统计，在明清两代，秦氏中就有进士三十四人、举人七十七人。

科举时代，应考者必须经过四级考试。首先是县州级考试，这一级考试叫“童试”，考中者称为秀才；其次是省级考试，这级考试也叫“乡试”，考中者称为举人；再次是国家级考试，这级考试叫“会试”，考中者称为贡士；最后是皇上亲考，这级考试叫“殿试”，封录取考生为三等，称三甲。一甲仅录取三人，考中者为进士，前三名称进士及第，为鼎贾三元，考中第一名者称“状元”，第二名称“榜眼”，第三名称“探花”。二甲若干，称“进士出身”。三甲称“同进士出身”。

由此可见，进士是古代科举制度中的最高功名，是通过最高级别考试——殿试的及第者。但是，考取进士之后，并不能直接出将入相，显贵于世。“点翰林”则可以改变这些人的命运，因此，考中进士之后，士子们的下一个目标就是考庶吉士，进翰林院。自明天顺以后，出现了“非进士不入翰林，非翰林不入内阁”的奇怪现象。这种现象足以说明，翰林院既是通过科举考试汇集优秀人才之所，又是高层政治人物的输出之所。

通过读书、应科举，一旦考得功名，便可以拥有社会、经济特权。从得到初级功名——生员起，就可以免徭役，甚至可以得到公费以赡家，并且受到官衙的礼遇以及人们的尊重，从而在现实生活中得到一些特权利益。如果进而可以再登科入仕，则更可以得官职，食官俸，置家产，身家富贵。正是读书、科举所能带来的这种极大的实际利益，吸引着各阶层的人们争相趋之，因此，稍有余力之家，无不欲其子弟读书做官。

有些家族教子弟读书，不知教以孝悌、忠信、礼义、廉耻的道理，所教导的不过是希图前程，将科举应试视为光耀门楣的唯一途径，指望富贵，改换门闾，衣锦还乡，使子孙徒生谋富贵、图获利之心。

然而秦氏子弟应考入仕，科举做官，与世人读书专以做官为望不同。秦氏族人认为：不读书则不能明理，明理则孝、悌、忠、信、廉、礼、义、耻之道。因此，秦氏子弟读书不在乎得富贵，而在于遵循仁义道德，有所建树，显扬名声于后世，从而使父母显赫荣耀，完成孝的终极目标。即使是对无望于科举的一般子弟，也要让其读几年圣贤之书，明了“为人之道”，以此为立身处世的依据。

秦夔是秦旭的长子，于明天顺四年（1460年），以三甲第五十五名进士及第，成为无锡秦氏取得进士功名的第一人。

秦夔“读书孝亲，无遗父母之忧”。他自幼刻苦用功、志向远大，中进士后，因为官清廉，政声颇佳。秦夔虽然位高权重，却时时惦念着故乡的父母。秦夔在京为官，弟弟秦仲孚遵父亲秦旭的嘱托到京城探望哥哥，将要离别之时，兄弟二人依依惜别，秦夔叮嘱弟弟在家代自己照顾父母，拉着仲孚的手动情地说：“吾在此，吾心无日不在二亲侧也。顾官守有常职，未敢离。”

在我国古代，父母对子女最大的希望是读书取士、立身扬名。明代杰出的思想家顾宪成说：“凡为父兄的，莫不爱其子弟；凡爱子弟的，莫不愿其读书进取。”孝敬亲长并不仅仅是供养吃穿，修身笃学、建功立业才是孝之根本。这是父母对子女的期望，对子女自己来说也是受益终身的。

对于秦氏子孙来说，读书入仕不是为了沽名钓誉；“立身行道，显亲扬名”已是一种自觉的家族传统。但是，有时候他们为了亲情，也可以放弃世间许多的功名利禄。

在秦氏家族发展的历史中，那些因双亲年迈、不忍远离而放弃仕途的人也历历可数。如秦永孚的儿子秦镗，“博学力行，荣利不入于心，惟左右就养，以孝事其父母……以所学授诸子孙，诸子并率教有贤称……人以为孝感所钟”。他在明弘治十七年（1504年）考中举人，但是他的母亲因为中风，瘫痪在床而且不能说话，秦镗便不再赴礼部参加考试，而是专心在家照顾患病的母亲，一直坚持了十九年。在这期间，不时有亲友劝他进京应试，秦镗也不回应，而是赋诗《岁云暮矣》二首，谢绝了亲友劝他积极入仕的好意。诗云：

“岁云暮矣将何之？慈乌恋树风飔飔。风摇树不静，触目有所思。借如鸿毛得遇顺，失我覆翼悔难追。何如烹肴在俎、酿酒盈卮。分甘得所与，堂上双怡怡。愿跬步之弗离，无挂念于天涯。天涯难奋飞，吾亲安否将谁知？”

“岁云暮矣将何适？请看堂上双头白。年来居起相扶将，合计亲年百七十。功名岂无志？显扬亦子职。早岁不致身，而今只合侍亲侧。桑榆影行暮，长惧奄奄息。愿学毛檄辞，何忍温裾绝。呜呼！不能为子又焉能为国？”

在这两首诗中，秦镗表达了自己因母亲年迈而不忍弃母赴京，情愿侍养终老的志向，其言辞之恳切令人动容。然而，等到母亲去世、守孝三年期满之后，秦镗也已老矣，早已错过了晋身仕途的最好时机。

明世宗嘉靖七年（1528年），皇帝诏令文武百官举荐在节孝方面行为突出的臣民，以此来为他人树立榜样。无锡书院的教授与学士等若干人联名向常州知府举荐秦镗的孝行，建议对他进行表彰。

时任常州知府的张大轮亲自到无锡调查秦镗的孝行，在他给京师礼部的上书中，罗列了秦镗的种种孝行。张知府最后说道：“臣惟牧宁之职以风化为先，风化之敦以孝义为本，况诏旨俯临拳拳以旌孝为重，如秦镗者使臣不与奏闻，终身泯没，则何以励孝行于闾巷，敦风化于郡邑，不惟臣于职守有亏，于皇上以孝治天下之至意亦不能无负矣。伏望皇慈允臣所奏，将秦镗旌表门闾。几有裨风化、不辜恩典，臣亦得效万一于圣治之醇厚也。”

知府张大轮的这个请求经都御史陈祥核实建议准其所请，但是礼部认为秦镗仍属于待命官员，还有机会可以出任官职；如一旦出任官职，就与为侍奉父母而放弃仕途的情况不相符合，因此不准其所奏。

明世宗嘉靖十九年（1540年），当秦镗七十四岁时无锡县令万虞恺推荐他再次应试。但出人意料的是，秦镗竟然拒绝了万虞恺的推荐，他说："吾养不及亲宁。能以迟暮为子孙窃禄耶？"是说自己已年迈，不能尽心事主，也不愿与子孙争禄。

科举做官的"功成名就"是所谓的"大"，为人之道的"识字明理"是所谓的"小"，秦氏子弟读书，大则功成名就，小亦识字明理。无论是否有志于科举，是为官还是为民，都读书而明礼义、知伦理。秦氏"立身行道、显亲扬名"这种优良的家风家教，满足了家庭成员精神发展的需求。它是一代又一代秦氏子弟健康成长的保证，使读书勤学的家风得以延续，是秦氏家族重要的文化资源，更是推动秦氏家族不断进步的正能量。

## 第二节　长爱幼敬　手足情深

养亲与敬亲，孝之至也；兄弟怡情，宗族欣欣，友之至也。秦氏家族将“孝友传家”奉为家规遗训，不仅体现了秦氏家族重孝，也体现了秦氏子孙重视“友爱兄弟”的理念。侍亲以孝，对待兄弟手足，秦氏子弟亦是拳拳友爱，谦恭和睦。

父亲爱儿子，哥哥爱弟弟，这是做父兄的本分，不必要求儿子或弟弟一定要顺从；那么做儿子的或是做弟弟的，本来就应该爱父亲和哥哥，也不必要求父亲或哥哥对自己一定要慈爱，只要各自尽了应该尽的本分，彼此责难对方的这种毛病，自然就没有了。

秦氏家族将“友”作为处理兄弟关系的行为规范，它的具体内容即“长爱幼敬”。这既是一种好习惯的秉持，也是一种信念的传承和人生价值的体现。

秦耀之妻安氏在临终前叮嘱子孙时，说到秦淮、秦漳、秦瀚、秦涵四兄弟之间的友爱："自吾之为尔家妇也，犹及见辰谿翁四兄弟相友爱也。晨起，相率揖于家庙中，风雨寒暑无辍焉。退而聚首一堂，称说古今，移时不能去也；出而及于门，犹相倚门石间，相聚悦如初，移时不能去也。"正如颜之推在《颜氏家训·兄弟第三》中所说："兄弟者，分形连气之人也。方其幼也，父母左提右挈，前襟后裾，食则同案，衣则传服，学则连业，游则共方，虽有悖乱之人，不能不相爱也。"

这种兄弟姐妹之间自幼友爱、白首无间的例子在秦氏家族中还有许多。秦镗的长姐吴氏早年寡居，其夫死后仍然守节不嫁，后携子归宗，依附于弟弟。在吴氏八十余岁时，秦镗也已经是古稀之年，而他仍然坚持"时往候姊起居"，尽自己最大的努力，细心照顾姐姐的起居生活。每当吴氏生辰之日，秦镗"必衣冠率子孙罗拜"。姐弟之间相互宽慰，以远离烦恼，保身心健康，始终以乐观的心态来安度晚年。

兄弟姐妹都是父母所生，古人将其比喻为手足，具有血缘之亲。俗话说：打虎还要亲兄弟。兄弟是骨肉至亲，到危急时刻自会同心协力地维护彼此。秦氏兄弟手足间的亲密友爱，也往往是在患难之中现出。

故事要从康熙四十二年（1703年）讲起，这一年康熙皇帝第四次南巡，临幸寄畅园，问秦氏子侄中有无学问好的，可以推荐一人，随圣驾到内廷当差。秦松期就推荐了寄畅园主秦德藻的长孙——秦道然，并获得了康熙认可。秦道然随即跟康熙皇帝进京任事，奉旨在皇九子胤禟家教书。在康熙四十八年（1709年），秦道然考中进士，由庶吉士升任翰林院编修、礼科给事中。他甚得胤禟的信任，同时又在胤禟的贝子府当管领和财务经办。

康熙六十一年(1722年)十一月，康熙帝驾崩，皇四子、雍亲王胤禛，在既有舅父隆科多和十三弟胤祥的鼎力协助，又有拥兵自重的大将军阿舅年羹尧和岳钟琪遥相呼应，但又危机四伏的情况下，登上了梦寐以求的皇位，步入了他十三年的苛酷寡恩，但又励精图治的帝王生涯。

历经了残酷的、激烈的皇位争夺大战——九子夺嫡，雍正登基之后，为了稳固自己的地位，就以极为狠毒的手段，逐个处置与他作对的兄弟。为对付皇九子胤禟，雍正籍没了胤禟身边两个太监——李尽忠与何玉柱的家产，接着以“仗势作恶”的莫须有罪名，和“家产饶裕”这个不是理由的理由，逮捕了胤禟的老师兼管家——秦道然。

雍正下的诏书中说：伊家何人不可用，而用一汉给事中秦道然为伊府管领。以后，雍正又说秦道然“仗势作恶，家产饶裕”，命追银十万两，送甘肃充军饷。当时两江总督查弼纳清查秦道然的家产只值银一万零三百多两。由于秦道然无力偿付罚金，所以就连寄畅园在内的家族财产也被充公没收了。

不仅如此，雍正皇帝故意诬陷秦道然为秦桧后裔，使他受千古之骂名。但根据秦氏后人考证，雍正皇帝所说虽为金口玉言，却不是历史事实，理由有三：一是因为秦桧是南京人，现在南京还有秦氏家族。而锡山秦氏的祖先没有从无锡迁到南京去的，从秦观以下，每一代都有据可查。二是因为秦观的墓在惠山，他的儿子秦湛居常州，迁其父陵到无锡，开禧年间无锡县令重修已经荒芜的秦观墓，收其后裔于官学，每月发给银两祭奉先祖，所以在当时无锡秦氏均被视为秦观之后。三是因为根据《宋史》记载，秦桧的妻子没有生养，过继了其兄王唤的儿子熺，因此秦熺是王姓之后而非秦姓骨血。再则，秦熺的孙子秦钜通判蕲州，金兵进犯时，与郡守李诚之协力捍卫。在敌众我寡、救援不至的情况下，秦钜领亲兵巷战，但仍未守住城池。秦钜大呼：“我不欲生，宁为国死。”随后投火自焚。秦钜的两个儿子也从父俱死。所以，秦桧的所有后裔无一人幸存。

秦道然因宫廷斗争，无辜入狱，就在他几近绝望的时候，他的弟弟秦实然毅然站了出来，誓与兄共患难。

秦实然是秦道然的弟弟，虽然已经过继给叔父松岱为子，却仍请于有司，表示愿意与哥哥道然一起承担罪罚。有司未允，并劝他说：治罪止于本人，不累及妻和子女，况且你已经被过继给了叔叔做儿子，何必再来自求株连呢？然而秦实然却正色对曰：“出嗣者，分同生者；身不株者，国恩不移者。天性兄存与存，兄亡与亡耳！”兄弟们生于一家，从幼相随到老，有事共商，有难共救，这是何等的情深义厚！

兄弟姐妹在家时，常不知手足之情的可贵，长大以后，同气连枝各自营，终须各奔前程，这才体会到手足之情。尤其是在困境之中，有了风雨同舟、患难与共的经历，更会万分珍惜兄弟之情。正是孝友的家风，让秦氏体会到了亲情的温暖和美好。

秦氏子孙自觉地秉承孝友传家的传统，以此修持己身、垂范子弟，以致乡里皆“称锡之言孝弟有家法者，必归秦氏”。正是这些祖祖辈辈相传的故事、耳濡目染的熏陶，让“孝友”二字渗透进了秦氏子孙的生活，成为他们生活的准则。

## 第三节　孝友皆是爱

家庭是社会最基本的构成要素，家族则是由有血缘关系的多个家庭所构成的亲族团体，甚至是有着尊卑秩序和共同文化理念的社会组织。“族”是在“家”的基础上发展而来的，系同出一脉的“家”的集合体。《白虎通疏证》中对“族”的解释为：“族者，何也？族者，凑也，聚也。谓恩爱相流凑也。上凑高祖，下至玄孙，一家有吉，百家聚之，合而为亲，生相亲爱，死相哀痛，有会聚之道，故谓之族。”可见家族是有根的、有魂的，那根联系族人心灵的纽带，正是至真至纯的孝友之爱。

正如曾国藩所说：“凡天下官宦之家，多只一代享用便尽……能庆延一二代者鲜矣；商贾之家，勤俭者能延三四代；耕读之家，谨（勤）朴者能延五六代；孝友之家，则可以绵延十代八代。”秦氏家族得以绵延近千年，诚赖孝友实多。

“根深枝自茂，源远流自长”，锡山秦氏家族在家谱中详细叙述了先祖的德行和本族的孝友家风，以缅怀祖德，激励后人。《锡山秦氏文钞序》云：“昔圣门辑《论语 · 为政篇》，发抒政治原理，详述孟懿子、孟武伯、子游、子夏之问孝，又述孔子引《书》：‘孝乎惟孝，友于兄弟，施于有政。’孟子亦言谨庠序之教，申之以孝弟之义，人人亲其亲、长其长，而天下平。是岂迂远而阔于事情哉？盖孝弟之道不讲，则家族之子弟胥跅踶而不羁；家无良子弟，则社会之风俗、国家之政治，皆纷然无条理之可循，又遑论乎文化哉？”从这段论述可见，秦氏自发祥以来就将“孝友”当作治家的传统。

秦氏的后世子孙也都将“孝友”家风作为家族绵延不绝、昌衍繁盛的重要原因。秦氏第二十世孙秦光磊在为宗谱撰序时写道：“吾族上追淮海，下迄今，兹已三十余世，年几及千，不可谓非源远而流长矣。……虽然谱者，迹象也，必有主宰此迹象者，迹象乃足为重。所主宰此迹象者维何？无他，孝弟而已矣……盖孝弟为修齐之本，有孝弟而族之品望由此立，睦谊由此敦，纠纷由此息，如争继也、争产也、螟蛉也，皆可迎刃而解，即全谱之精神亦于此寓焉。不然，皮之不存，毛将安傅？若夫门第之铺张、勋阶之叙述，乃其后焉者耳。”

“君子之泽，五世而斩”，然锡山秦氏却子孙递三十世而不衰。此非仅有绳绳不绝的血脉相续，更为重要的是家风的传承。在世代相传的过程中，锡山秦氏家族子弟所崇尚的是仁孝友爱。他们一直兢兢业业地克承祖训，以孝友传家作为家族的文化根基，而且以“孝弟为修齐之本”作为家族的文化传统，为其家族得以敬宗收族、保持闻望勿坠提供了强有力的内部动力和支撑。

# 第三章
# 簪缨门第

据北京孔庙的明清进士提名碑统计，在明清两代，秦氏中就有进士三十四人、举人七十七人。而且在三十四名进士中，有十三人被点了翰林，入翰林院任职；有三人列入一甲第三名探花，他们是秦鉽、秦蕙田和秦勇均。可见锡山秦氏历代科第联翩，簪缨不绝，子孙通显。

清代的康、雍、乾三朝，更是其鼎盛时期。在秦氏宗祠的大门上一直挂有这样一副对联："辰未联科双鼎甲，高玄接武十词林"。意思是说，秦氏子弟在乾隆朝丙辰、己未两次科考中，接连两次考中了探花，而且在祖孙五代人中有十名进士。据《锡山秦氏宗谱》记载，仅在清代顺治至乾隆四朝中，秦氏家族登进士及第者就有二十二人，其中还有十人被授予翰林之职，无锡秦氏科举之盛达到顶峰。在《重辑锡山秦氏宗谱序》中记载了秦氏家族簪缨甲第、蝉联累叶的盛景："吾秦氏当前明中叶及本朝乾嘉间，服官中外者，一时恒有数十人，而应春秋二试亦如之，榜发必有掇巍科、登上第者，而出为名臣、为循吏，出为文学、为醇儒、为孝子悌弟者，又历历可数。吁，亦盛矣！”

从北宋词人秦少游开始，悠悠近千年，秦氏家族虽然历尽人世沧桑，却始终因为崇尚读书而闻名，后世子孙绵延不息，继承了家族衣钵，振兴家业，有所作为，为家族增添了荣耀。

锡山秦氏子孙能有这样的成就，除自身天资卓特、勤苦好学外，与家族长辈对道德修养以及学业的严格要求也密不可分。秦氏家族重视子弟的人格教育和经世致用之学，主张人的全面发展，而不是将科举应试视为光耀门楣的唯一途径。他们秉持先祖“孝友传家”“诗书传家”精神所构筑的人文环境、家族文化，使秦氏子孙牢记先祖的教诲，都能做到：为民者勤劳生产，艰苦奋斗；为官者廉洁自持，秉公正直。

出仕为官、为学树德，锡山秦氏家族的长盛不衰，正是通过科举入仕得以延续和振兴的。

## 第一节　科名之始　廉政之官

秦氏迁锡之后，由于历史、社会及自身等原因，并没有能继承其始祖秦观为学、为官的成就，自秦惟祯之后的很长一段时间内，在科场并无多大建树。正如锡山秦氏第六代子孙秦夔所说："吾秦氏自少游先生父子以科名文章显于宋，其后子孙皆遁迹儒农，寥寥四百余年，无能继其后者。"

锡山秦氏子孙在元代鲜有科举入仕者，这与元代选官取士的制度不无关系。元朝时期蒙古族主政，科举考试并不是元代统治者选官的主要制度，就科举规模来说，无论是录取人数还是进士的地位前途，都难以和、宋朝相比。

除科举规模较小以外，为了保持蒙古族既得利益的需要，以及民族偏见等原因，元朝科举制度还有一个明显的特点：优待"国族"——蒙古族，压抑"汉人"和"南人"。统治者将蒙古人、色目人分为一科，"汉人”“南人”另分一科，前二者人口只占全国人口的3%，其分配录取名额却占到总数的一半。并且朝中的大官除少数例外，一向都是从蒙古人与色目人中选出。因此，汉族难免受到压制，即使有一定的才华也很难施展，所以锡山秦氏在元代没有人通过科举进入仕途也就不足为奇了。

元朝灭亡后，明王朝建立，开国皇帝朱元璋原为一介“濠梁之民”，深知举贤任才是立国之本。早在洪武三年（1370年），朱元璋便昭告天下，恢复科举制度：自今年八月始，特设科举。务取经明行修、博通古今、名实相称者。朕将亲策于廷，第其高下而任之以官。使中外文臣皆由科举而进，非科举者，毋得与官。不难看出，在明代的各种选官制度中，唯科举独重。

明初之后，秦家的儒生逐渐在科举中崭露头角，英宗天顺年间出现了第一位中榜之人——秦夔。正如他在高中后所说：“如六阴之极而一阳渐萌，此吾秦氏科名发轫之一初也。”秦夔进士及第，打破了锡山秦氏自始祖秦观以来无人入朝为官的情况，同时也开启了锡山秦氏家族成为科甲鼎盛海内的簪缨世家的大幕。此后，秦氏后人科举中第、入朝为官者屡见不鲜，涌现出秦梁、秦禾、秦耀等贤良之人。

秦夔，字廷昭，是秦旭的长子，“双孝”秦永孚、秦仲孚的哥哥。明英宗正统十四年（1449年），秦旭的长子秦夔和他的侄子秦孚一起到南京参加乡试，二人一举而中，成了锡山秦氏的第一批举人。乡试及第后就有了做官的资格，可以改换门庭，秦孚到云南出任了地方官。乡试及第后还可以到京城参加全国性考试——会试。明朝天顺四年，秦夔以三甲第五十五名高中进士。

进士及第后，秦夔被任命为南京兵部四司之一的武库司文书。文书只是一个掌管文职的小官，但秦夔兢兢业业、为政有方，没过几年，就因工作成绩突出，受到朝廷的褒奖，由武库司文书升任为员外郎、武库司郎中，这是一个掌有实权的官职。

随着秦夔官职的晋升，锡山秦氏家族的经济地位和社会地位也迅速提升，由一个普通的耕读之家一跃而成为官宦之家，为锡山秦氏家族日后的兴旺发达奠定了基础。

秦夔为官以勤政务实著称，在职期间颇有政绩。在出任武昌府知府和建昌府知府期间，秦夔除奸恶，植良善，兴学劝农，积谷缓刑，创养济院。特别是他设立的均徭法，对武昌和建昌这两个商业中心的经济起到了推动作用，被上司赞为“治行为湖南第一”。

秦夔不仅清廉，还有智谋，断案如神。有一次，他去寺庙游玩，下山之后到江边散步，突然发现有一名女子被捆绑着，半身埋在沙里。他连忙让人把这名妇女救起来，经过询问，得知事情原委：这名柔弱女子是杭州人柳氏，她的丈夫是个商人，日前她随丈夫外出经商，从杭州乘船经过此处，不巧遇见一伙盗贼，抢了财物，杀死了她的丈夫，并企图强暴她。因她态度坚决、宁死不从，强盗便把她绑了埋在这里，企图杀人灭口。秦夔问清楚了强盗的情况，当晚就带人捕获了这伙强盗，并将妇人送回了家。

此后不久，秦夔又断了一宗案子：当地一家富户有一个美貌的女儿，被一名娼主掳去企图逼良为娼。在省城赴试的表兄将此事告到秦夔那里，秦夔立即逮捕了娼主，解救了那个女子。这两宗案子树立了秦夔在百姓心中的青天形象。

由于政绩显著，秦夔累获嘉奖，在成化二十一年(1485年)升迁为江西右布政使，但是没过多久，秦夔就因身体状况欠佳且无心世事而辞官告归了。他为官清廉，莅任数十载，官囊萧然，名垂乡贤。

秦夔出类拔萃，事业有成，此时却退出官场，对于这件事，很多人表示不理解，但秦旭得到儿子回家的消息后，却很是高兴，他立即写下了一首诗："珠还沧海得天全，消息多应不妄传。白社疏狂从我后，青云腾踏看人先。舞裙歌扇留桃叶，绿水青山送酒船。老病得儿相料理，底须华发怨流年。"

从这首诗中可以看出，秦旭对于儿子弃官回乡一事不仅表示赞同，而且还感到很高兴。这其中似乎有逃避政治纷争的因素存在，但更主要的则是一名老父亲盼儿平安回家的心情。秦夔回到无锡以后，立即成为碧山吟社最活跃的成员之一，他和父亲、弟弟以及碧山吟社的一干人等流连于惠山的青山绿水之间，度过了他一生中最闲适的十年。

碧山吟社

## 第二节　五部尚书　三朝太保

锡山秦氏科名自秦夔始，而真正使锡山秦氏在科举成就中达到鼎盛的却是秦金。

在无锡凤山一带聚族而居的秦观后裔，于明宪宗成化三年(1467年)九月十一日，又有了添丁之喜。这个新生的男孩，天庭饱满、地阁方圆，一副贵寿之相。

旧时称生儿育女为添喜，故婿家要遣人到岳家报喜，是谓“报生”。按照当时“报生”的礼俗，第二天秦家派人去外婆家报喜的时候，带去了一只大公鸡，因为公鸡吃米时头朝地，鸣叫时头朝天，掌管一天的十二个时辰，带它去报信，表示所传之言慎重、准确。据家人回来说，那只抱去的大公鸡昂头摇尾，咯咯叫着，声音既清脆又响亮，这似乎也是个好兆头。

家人为这个新生的男孩取名为秦金。起这名字，秦家人有两方面考虑：一是按旧时迷信的说法，人的生辰八字要五行俱全才吉利，这个男孩虽有文昌照命，只是五行缺金，需要在名字中加有金字属性的汉字。成年后，秦金又用家乡地名为自己起号“凤山”，其寓意也包括以土生金。二是家人在为这个男孩排年庚八字后，预测他虽然仕途坦荡，大富大贵，但命中会有两次顿挫，为了避开双数，因此只能起了个单名。

秦金的父亲秦霖以设馆课徒为生，他一边教授学生，一边读书做学问。秦霖作为秦金的启蒙老师，对他影响颇深。

秦霖对秦金有潜移默化的影响：一则体现在为人处世之道上。秦霖是个贫穷的书生，他为自己取字“卑牧”，可能与他的性格和当时的生活境况有关。虽然在生活方面经济拮据，已是“五世食贫”的艰难境地，但他并未因此意志消沉，或怨天尤人。他有一首名为《斗室》的诗，此诗说明了他当时的生活情形和心境：“乏金难买地，结屋仅容身。帘破能通燕，檐低欲碍中。曲肱时肆志，抱膝屡凝神。莫笑规模窄，中藏万斛春。”他虽身居陋室，却胸怀天下，正如南阳诸葛亮和西蜀扬雄，这些古代名贤虽然身居陋室、书巢，却能坦然处之。

秦金自幼随父就读，受父亲熏陶，从小便勤勉好学、立志成才。一次东家宴请秦霖，秦金不能随往赴席，于是秦霖戏吟道：“东家设席儿无分”，秦金随口便应道：“北阙登科我有名”，并几乎一字一顿地说道：“儿岂是贪吃的人，请父亲以后不要再讲吃喝之类的俗事。”短短七言“北阙登科我有名”，虽然是浅白的内容、上口的韵脚，却写尽了科举时代书生企盼的理想境界——登龙门。满是未来科举及第时的得意与意气风发，透露出小小学子的努力奋进，以及少小勤学、男儿自强的精神，一时被传为佳话。

二则，秦霖以教授学生为业，这也为秦金自幼能接受良好的教育提供了有利条件。锡山秦氏世代的德才教育极为严格，竭尽全力培养子孙，即使在生活贫困的境遇下，也不改变。秦金自幼在父亲秦霖开设的私塾中读书，能够做到“退为家人解，即能了其大义十有七八”。秦金不仅“勤敏读书，昼夜不辍”，而且“自童时即颖秀不群，见群儿戏，每却避之，端默自若”，可见他志向远大，充满自信。

天资聪慧且勤奋努力的秦金，确实没有辜负父亲的期望，在乡试中名列榜首，于成化二十二年中举人，并在弘治六年(1493年)中二甲第三十二名进士。

同样是进士，秦金所面对的明代科举制度，与四百多年前秦观所参加的科举相比已发生了很大的变化。明代对科举要求更为严格，科举方法之严密也超过了以往历代。

明代科举在宋、元科举乡试、会试、殿试三级考试的基础上，又增加了“科考”，即在乡试人数日益增加的背景下，正统九年(1444年)奏准，在参加乡试之前，只有首先参加科考并中试，方能获得参加乡试的资格。这就意味着，投考的举子需要在乡县一级通过几年的预试才有资格参加从州府一级开始的真正文官考试。由于有的人多年参加县试和府试才成为童生，或者有的童生多次参加科举的院试都没有通过，所以童生的年龄不一定都很小，甚至还有七八十岁的白发老人。

秦金参加了包括县试、府试和院试三个阶段的童生试，并且顺利考取生员，俗称秀才。此时他就算获得最低的科举功名，也能从此摆脱平民的身份，并且还有免除差徭、见知县不跪等特权，但此时的秦金还不是朝廷官员。成为秀才有如此的特权，可是考中秀才并不是一件容易的事。考试成绩有六等，只有在考试中考到高等的才能得到秀才的称号，而考到一、二等的才能有资格去参加更高一级的考试——“录科”。之后，秦金又逐级参加乡试、会试、殿试等高一级的科举考试。

这个所谓的乡试不是指乡里的考试，而是省一级的统考。当时他的家乡无锡属南京治，于是秦金奔赴南京应乡试。考试分三场，分别在农历八月初九、十二日、十五日开始，每场三天，连考九天。秦金一举中第，成了一名举人，有了做官的资格。

顺利成为举人后，秦金取得了参加会试的资格。此试是由礼部主持的国家一级考试，在乡试的第二年于京城举行。

就在秦金打好包袱，准备好笔墨纸砚，准备迎接人生的真正考验——会试的时候，父亲秦霖的反对意见阻碍了秦金进京应试之路。或许是因为秦霖担心自己唯一的儿子到遥远的京城赴试还太年轻，或许是因为要把儿子的婚事放在首位。秦霖精心为儿子秦金挑选了一位才貌双全的女子为妻。秦金的妻子出自一个姓钮的人家，是一个有教养、有文化的女子。嫁给秦金后，她又成为一位模范妻子，勤劳能干，操持家务，并且在弘治五年（1492年），为秦金生下了一个儿子，名叫秦泮。次年，秦金在完成娶妻生子的人生大事之后，又重新拾起中断了几年的学业，继续进京参加会试。

会试与乡试一样分为三场，分别在农历的二月初九、十二日、十五日举行。由于会试为国家一级的考试，因此更为统治者所重视。主考、同考及提调、监临等官员，都由较高级别的官员来担任，甚至于同考官的人数也比乡试增加一倍。

此时秦金所承受的不只是科举考试的漫长过程、经济方面的压力等外在的考验，还有读书和科举本身的苦等内在的考验，尤其考验一个人的毅力、能力乃至体力。

明代会试的考场叫作贡院，贡院里的上万间号舍，都是长五尺、宽四尺、高八尺的窄小单间：三面围墙，一面敞开，仅有一肩宽；左右两面围墙上下各有一道凹槽，各嵌一块活动木板，考生将下面的木板后挪，权当座椅，将上面的木板前挪，伏在上面答卷。夜里，考生将上面凹槽中的木板移至下面，可搭成一张“硬板床”，蜷缩在上面睡觉。

参加考试的考生都是在凌晨入场，到了考试那一天，考生们都得早早地准备好，在考场门口等着。开始入场的时候，官员穿大红色的官袍，坐在灯烛辉煌的堂上，考生需要脱掉衣服、鞋子、袜子接受兵丁的搜身检查。所有考生都得左手拿着笔砚，右手拿着脱下来的衣服，几乎是赤身裸体地站在庭院里等候接受检查。

检查的时候，两名兵丁负责一个考生。为防止夹带，上至考生的头发，下至考生的脚趾，兵丁都会一一检查，不会有任何遗漏。考生只能带文具和灯具进去，每人发给三支蜡烛，进去后，号门马上关闭上锁，考试期间，考生终日禁锢其中，白天在里面答题，晚上在里面休息。

然而就是在这样艰苦的环境下，在那盏孤灯的昏影里，在难以忍受的孤寂中，秦金满怀着报国的理想，写出了应制的文章。

秦金经过与其他精英们在考场上的角逐，在会试后被录取，成为贡士。此时的秦金，如果要想当进士，就还要再过一关，进入明代科举的最高一级考试——殿试。

殿试的考场设在皇宫内，由皇帝亲自主持，所以又称为“廷试”。弘治六年的三月十五日，秦金到皇宫之内参加殿试。高墙深宫之内处处都透着皇家的威严，琉璃鸳鸯瓦，朱漆大红牖，赤柱挺起，雕梁画栋。秦金深赞皇宫气象，嗟叹不已！此时的秦金暂时忘却了考试的烦恼，徜徉在皇宫大殿之间，大有雄视天下之气，极具大丈夫之气概。

殿试的内容很简单，仅考时务策一道。试题一般先由内阁预拟，并在考试前一天呈请皇帝亲定。考试时间以一天为限，日落前交卷。完卷后，受卷官将试卷集中起来送交弥封官。弥封过后，再由掌卷官送读卷官评阅。由于殿试由皇帝亲自主持，皇帝本人就是主考官，所以评阅试卷的官员只能称为读卷官。读卷官是从进士出身的高级朝官中选出的。按照明初规定，“殿试毕，次日读卷，又次日发榜”。在一天当中，为数不多的读卷官要评定几百份试卷是相当紧张的。不过明代规定凡参加殿试的人只分等第而不落选。读卷官的任务是把这些卷子分为三等，以定三甲人选，更主要的是要在卷子中挑选出三份最好的，以确定一甲三名的人选，其他卷子的等级名次则是无关紧要的。

殿试发榜后，秦金在九十名二甲及第生中排第三十二位。及第生员都被邀请到主持会试的礼部赴“恩荣宴”，接着，秦金参加庶吉士的选拔。

在所有的进士中，只有一甲三人可直接进入翰林院，二甲和三甲中挑选精英参加考试才可成为庶吉士，他们的职责是给皇帝讲解经史书籍，并帮皇帝起草诏书，是皇帝的秘书。

选拔庶吉士，在洪武年间就已开始，但那时选出的庶吉士还不专门属于翰林院管理。到了永乐二年(1404年)，庶吉士便专属翰林院了，所以选拔庶吉士又称为“馆选”。中选的人由一名教习负责培养，教习由职高资深的翰林院或詹事府官员担任。三年学成后，成绩优秀者留在翰林院做编修、检讨，次一等的派出去当给事中、御史之类的官，称为“散馆”，庶吉士散馆后便成为翰林。

明代由庶吉士出身的人升官非常快。到了明英宗天顺二年(1458年)以后，朝廷已形成了“非进士不入翰林，非翰林不入内阁”的局面，甚至“南(南京)、北(北京)礼部尚书、侍郎及吏部右侍郎，非翰林不任”，所以“庶吉士始进之时，已群目为储相”。即一旦由进士经过馆选而成为庶吉士，就已被人们看作未来的宰相了。据统计，明代相当于过去宰相职位的一百七十余人中，由翰林出身的达到十分之九。可见庶吉士虽然要多学习三年，但其地位和威望却比一般进士要高得多。

二甲出身的秦金，因成绩突出，由主考官徐溥推荐进入翰林院任职。一旦得入翰林院，就意味着从此仕途顺畅、平步青云，得享高官厚禄。但是秦金似乎并没有沉湎于官运亨通的喜悦之中，而是“以父老，急归省，不就”。由于父亲秦霖患病，秦金实在放心不下，为了能够在父亲身边侍奉尽孝，他毅然放弃了这个令人钦羡的机会，甘之如饴地回到无锡老家照顾患病的父亲，侍奉汤药，一刻未曾废离。时任首辅的徐溥，因为秦金事亲至孝的行为而更加欣赏他，尝谓人曰：“释褐新进，能知忠孝大节，不有秦氏子耶。”

在陪伴了父亲一年后，也就是在弘治八年(1495年)，秦金回京任职，初任户部福建司主事，掌核直隶、福建两者省之钱粮与天津之海税等。

秦金所供职的户部，“掌天下户口、田赋之政令”，是关系到国计民生的重要机构，也是六部中事务比较繁忙的一个大部。初出茅庐的秦金，怀抱着儒家传统的经世济民之志来到京城，尽管户部主事只是个小京官，但秦金仍然把这个职务看作报效朝廷的机会和实现抱负的起点。

秦金为官尽职尽责，时常到包括京畿北部在内的所属各县检查仓库、粮仓和关卡。明代盛行漕运，也就是通过运河把粮食送进京城，每年要从南方漕运400万石粮食到京城，最多时达到670万石。当时的运输依靠非常缓慢的运粮船，如果再加上难以预测的天气变化，水路难通，京城的粮仓存储量便会急剧减少，时有告急。

一个良好的仓储体系可以减少干旱年月中发生饥馑的危险。但是，漕运官员的贪污腐败也极大地影响了漕运秩序的正常运行，以漕运之利中饱私囊者大有人在，上有贪赃枉法的高官大吏，中有无数层层关卡巧取盘剥，下有多代世袭的船户割据赢利，许多帮粮船舵设教立派，敛财滋事，结果造成漕粮成本不断提高，以致官民交困。秦金在确保粮食储存的同时，还着手整顿漕政，整饬了所属部门的一些腐败现象。

弘治九年（1496年），秦金监临清仓场粮斛，监收长门仓及象房粮草，剔杂除蠹，很有成绩。户部尚书周经简视诸司章奏，深器重之。

明朝对官员的考核，实行每三年一次的“考满法”。考满主要是对文官三年间的工作实绩进行评价，以此作为文官升迁的依据。“考满法”规定：内外官满三年为一考，六年再考，九年通考黜陟。每次“考满”分上、中、下三等。

秦金在户部任职三年，因为政绩突出，得到他的上级户部尚书的高度评价。不久，秦金就升任河南司员外郎，掌管河南之钱粮；再晋升为山西司署郎中，主要职责是解决边防驻军的军需供给。

军需供给是户部最艰巨的任务之一。时逢边储告急，在职者无法筹集粮饷，吏部尚书倪岳和宰相吕钟为此大伤脑筋，感到“非异才不能济急”，于是破例任命秦金为本司郎中。

秦金凭借其杰出的才能，处理粮饷，计划得当，条陈时宜，曲中缓急，协助吏部尚书倪岳和宰相吕钟解决了当时棘手的边防军粮问题，做到有计划地供给戍边用粮、用银，使军队有了可靠的后勤保障。

弘治十六年(1503年)，“丁父忧，泣血，三年不与户外事”。秦霖病故，秦金丁父忧回家守孝三年。父亲的离世让他悲痛至极，三年不曾出门。

在秦金守丧三年期满时，明孝宗驾崩，孝宗皇帝的独子朱厚照继位。新皇帝武宗朱厚照荒淫顽劣，贪杯、好色、尚兵、无赖，所行之事多荒诞不经，不仅不理朝政，还整天沉溺于狩猎和微服出访的滑稽闹剧之中，生活荒淫无度。他还是少见的无道昏君，宠信奸佞，招致以太监刘瑾为首的“八虎”乱政。

面对这种情况，朝臣、言官和阁老们无不充满了强烈的忧患和危机感，于是不断上书劝谏皇帝，弹劾宦官败坏朝纲，请皇帝将他们诛除，就这样，一场文臣与太监之间注定无法避免的生死对决爆发了。

身为司礼监主管的刘瑾，掌握了这场政治斗争的主动权。

司礼监是大内的最高权力机构，负责管理皇城内的一切礼仪、刑名，下辖“十二监”“四司”“八局”等“二十四衙门”。除此之外，它还为皇帝管理奏章和文书，其中最重要的一个权力是：内阁大学士的“票拟”必须经由司礼太监的“朱批”才能生效。

明代废相，内阁与各部大臣奏议公事先行“票拟”，由皇帝“朱批”决定可否。由于废相后烦琐的朝议使皇帝无力负荷，加以若干君主废弛朝政，遂有秉笔太监代为“批红”的制度，即各部公文奏议交司礼太监分类后，拣选其要呈送皇帝。

从这个意义上说，掌管司礼的太监就拥有了与内阁“首辅”匹敌的权力，尤其是当金銮殿上坐着小皇帝的时候，司礼监主管更有可能“权过元辅”，甚至成为这个帝国实质上的最高主宰者。

刘瑾虽然是个目不识丁、连奏章都看不懂的太监，却有着极强的权力欲。他心中十分清楚，一个出身微贱的宦官根本无法树起百官畏服的形象，朝中大臣对他不服，他处处受到鄙视，强烈的卑怯心态使他的报复心空前膨胀，变得越来越专横，手段越来越残忍，要将曾经鄙视他的前朝重臣斩尽杀绝。

正德元年（1506年）冬天，在当上司礼监主管的第二个月，刘瑾就建议武宗对内阁实行大改组，将先朝重臣大部分赶出朝廷，投闲置散。内阁新成员大多是刘瑾的党羽与龌龊无耻之徒，如焦芳、张采等。此时，朝中只有王鏊和李东阳两人是前朝重臣，还有一身正气。

武宗的恣意妄为，使得党争越来越激烈，在官宦你死我活的尖锐斗争之中，朝廷大局急转直下，孝宗辛苦经营的中兴基业毁于一旦，朝政日益混乱，明王朝的弊政已经积重难返，国力也日渐衰弱下去，明朝进入了有史以来最为黑暗的时期。

随着明王朝统治集团的日益腐败，皇室、宦官、贵族、官僚们见持有盐引有利可图，纷纷奏讨盐引转卖牟利。例如，在成化年间（1465～1487年），皇亲国戚、边镇武将等奏讨盐引成风。

盐是国家财政的大宗，又是百姓日常生活必需的产品，关系国计民生。在以农立国、工业不甚发达的传统时代，盐历来都是官府专营。明代时，朱元璋推行“中盐规则”，以维护食盐交易的正常进行。这种交易方法，大致分为报中、守支、市易三步。为了保证国家的盐业专利，在这些环节中，必须有一个国家颁发的买卖食盐的重要凭证——盐引。

靠特权倒卖有价证券的行为，其利润奇高、危害极大，它以损害国家边储的巨大代价养肥了一小撮蠹虫。如正德元年，承运库的太监王瓒和崔通前往南京，乞支长芦盐一万二千引，崔杲往应天等府织造彩妆缎匹，亦奏讨长芦盐一万二千引等。这些以织造名义奏讨得的盐，盐船上都插着黄旗，称“钦赐皇盐”，沿途州县、驿站官吏酬应稍迟，便被鞭打责罚，更无人敢加以检查。

正德元年，秦金丁忧期满，到户部复职四川司郎中一职。他站在国家利益的立场上，坚决反对宦官和外戚向武宗奏讨盐引以从中谋取私利。逯俊等人乞要两淮盐引三十万，皇帝欣然允诺。秦金虽极力反对，但并没有得到皇帝的支持。

秦金任京官十余年之后，于正德三年(1508年)，被升任河南按察司副使、提督学政。学政官是由朝廷委派到各省主持院试，并督察各地学官的官员。此官是一省的教育长官，类似于现在的教育厅厅长，但不同之处在于，学政不受当地最高行政长官的节制，可以独立开展各项事务，督抚大员也不能侵其职掌。只有在特殊情况下学政离任，督抚才可暂时代管其事。学政还可以直接向皇帝上书，反映地方情况和吏治民风。

前文说到，考生在参加正式的科举考试前，还需要参加县试、府试和院试三个阶段的童生试，县试主考是知县，府试主考是知府，院试主考是学政，这就意味着秦金此时握有授予生员以入仕的第一级学衔——“秀才”的权力。秦金任职期间，在地方主试中不受请托，唯才是举，为国求贤，举荐了一批有真才实学的人，其清正之名为人称颂，与当时最负盛名的提学使邵宝并称，生员们尊称他们为“先生”。

邵宝，字国贤，号泉斋，明成化二十年(1484年)进士。历任许州知州、户部员外郎、户部郎中、江西提学副使、浙江右布政使、右副都御史、总督漕运等职。邵宝十分重视教育，尝修白鹿洞学舍，兴建书院，在惠山创建尚德书院。他为身守正，不交权势，居官清廉，有“千金不受先生”“笃行君子”的美称。他一生著书百余卷，后人称他“文章典重碑版遍天下”。又善书法，为明代著名儒臣。

秦金与邵宝同为无锡人，又同为提学副使，一个在江西，一个在河南，他们都能做到唯才是举，不举亲眷，不谋私利，杜绝了任人唯亲的流弊。二人的善行为人称颂，他们推荐的生员很多成为朝廷的栋梁。

明朝正德年间，由于武宗的腐朽统治，加上吏治败坏，天灾不断，人民生活无着，迫而起义。正德五年(1510年)十月，刘六、刘七兄弟及杨虎等人率领农民在霸州起义，其中，赵遂、刘惠一部立五军、列二十八营，流动作战于河南一带。起义军杀地主官僚，焚毁官邸，劫取兵库，释放狱囚。于是地方官吏有的逃亡，有的则率众投降。见此情形，明政府增派多人提督军务，但是他们都因慑于义军威力，只能拥军自卫，不敢同义军交锋。

河南南部的信阳州总兵领兵抗拒，被起义军所杀。在这危急时刻，河南知府邓庠急令参政秦金为黄河北岸指挥使，负责守卫开封、统率民兵。

正德六年(1511年)四月，秦金调集参将宗提的部队，辅以地方民团，在封丘陈桥，镇压了农民起义军。

正德八年(1513年)，因为平叛有功，秦金升任山东左布政使。当时的山东是官军和起义军交战的主战场，由于战争的破坏，山东境内经济残破，货物匮乏，物价飞涨，人民生活困苦不堪。秦金就同巡抚赵璜一起安抚民众、收拾民心，在精神层面医治战争创伤；同时，帮助当地百姓恢复正常的生产、生活，他又在地方上做了一些有利于整顿社会秩序、安定人民生活的好事，很有成效。

正德九年(1514年)，秦金被提升为都察院右副都御史，巡抚湖广。他不携妻室，只随两名仆人上任。在赴任途中，他巡抚各方百姓，记录下他们的问题。当时湖广境内的各王府仗势抢占山场、湖泊，秦金将这一情况奏明皇上，认为山场、湖泊本属国家所管，为人民所用，现在王府仗势侵占，无异于强占民田，奏请归还官府。结果各王府不得不将所占领的土地归还。

正德十二年(1517年)夏，朝廷谕令湖广百姓上缴鳇鱼幼苗千余斤，这一额外的负担使得湖广百姓民心惶惶。鳇鱼为鱼中上品，肉肥美，可供鲜食，熏制后其味更佳，其卵可制酱。因其味美，朝廷将鳇鱼定为沿江地区岁贡鱼种之一，湖广一带负担尤重。

秦金作为巡抚湖广右副都御史，上疏陈情："近言有旨取鲟、鳇鱼秧，今湖广频年灾伤，川襄泛滥，弥漫千里，饥者资食菱芡，鬻及儿女。此令一出，贪吏乘之，指一科百，民其能堪？且鲟鳇大者千斤，小亦数十百斤，生育巨海，非池沼中物也。借使采取以进，物违其性，中途必不能活。虽罪解之吏、饲守之人，亦无所致力，只增怼怨耳。"秦金因湖广贫困，不时为流寇、饥荒所扰，难以满足朝廷的需要，且运送至京城的路途遥远，奏请停罢贡鱼，然而武宗终"不听"。

同年，湖广发生严重的水灾，江水并涨，大堤均溃，人、畜溺死无数。此次的水灾规模之大、危害程度之深，为湖广地区16世纪四次特大水灾之一。

据时任湖广巡抚秦金所作的《救荒奏疏》描述，正德水灾波及湖广布政司所辖十四府四州中的十府二州，分别是武昌府、汉阳府、黄州府、德安府、荆州府、岳州府、襄阳府、宝庆府、辰州府、常德府、沔阳州、靖州等。

水灾发生后，官府虽曾进行赈济，却不能解决问题。见此情境，秦金专门奏报灾情，请求加赈。

朝廷接到秦金的报灾奏疏后，于正德十二年八月命湖广总理赈济事务副都御史吴廷举赴湖广组织赈灾。吴廷举赴任后，又组织湖广地方官进一步勘实灾伤情况，并在秦金急赈的基础上确立了具体的、长时段的赈济方案，内容涉及临灾赈济、灾后抚恤、生产恢复、社会秩序重建等方面，具体包括审验灾民、发赈钱粮、设厂施粥、以工代赈、医疗疾疫、赎还子女、掩埋骸骨、流民复业、劝课农桑、散盗禁讼、敦厚风俗等内容。

在任期间，秦金不仅组织赈灾，还为查罢贪官污吏、革除官府积弊，呈奏了“便宜八事”，就“添官府”“设关吏”“减差内官”“裁革冗官”“厘定法律”“加强边卫”“处置苗民”等方面，提出了切实可行的治理办法。在巡视岳阳、常德、辰溪等地时，秦金稽查钱款，整饬兵旅，针对时弊又上奏了“便宜十事”，内容是：“复添官以便分守”“改兵备以兼分巡”“改巡司以严保障”“兴屯册以杜侵欺”“查坍垦以均利害”“处军职以警奸贪”“作兴卫学以求人才”“迁革驿传以协人情”“慎选巡检以严捕诘”“协操守以固省城”等，所奏皆能切中时弊，对江汉平原人民的生产和生活，以及民族之间的和睦相处都有所促进。

此外，秦金还参与镇压了郴州、桂阳瑶民起义。当时湖广地区匪患频仍，其中规模最大的就是这次正德年间的瑶民起义。正德十二年五月，莽山、西山、笠头洞瑶族首领龚福全、李斌、梁柏桂、阳延寿为反抗明王朝的残暴统治，率湘粤边境瑶汉农民起义。他们凭借郴、桂险峻地势，设栅立寨，训练农民武装，并联合广东农民起义领袖高仲、刘福兴、李仁才等四路出击，进攻州县，相互声援，声势浩大，威震朝廷。

朝廷派都御使秦金、南赣巡抚陈金调集湘、赣、粤三省官军和地方武装共同围剿。秦金带领部队采用巧妙的战略战术，调三省土汉官兵汇集宜章，围剿起义军，一举攻破起义军八十多个山寨，斩首两千多人，擒获龚福全和他的同党刘福兴等人，平定了郴州、桂阳农民起义。战后，论功行赏，秦金增俸一级，荫锦衣世百户。

正德中后期，明王朝又面临一次新的政治危机。正德十四年(1519

年)，明太祖朱元璋的五世孙宁王朱宸濠，于六月十四日在江西南昌兴兵叛乱，七月初，宁王又以其部将守南昌，自率舟师蔽江东下，略九江，破南康，出江西，帅舟师下江，攻安庆，欲取南京。南赣王守仁、湖广秦金、两广杨旦闻变，各率所部合十六万，举兵勤王，直捣南昌。朱宸濠闻讯，回救南昌，二十四日与王守仁军相遇于南昌东北的黄家渡，叛军败退八字垴。二十六日，明军以火攻，朱宸濠大败，将士焚溺而死者三万余人，朱宸濠与其世子、郡王及李士实、刘养正、王纶等皆被擒，仅四十三天的宁王叛乱宣告失败。

秦金在湖北任职七年，政绩卓著，于正德十五年(1520年)，升为户部右侍郎。这是他的第一个阁臣职位，当时他五十三岁。

正德十六年(1521年)，明武宗朱厚照驾崩。由于朱厚照荒淫，死后无子嗣，所以由内阁首辅杨廷和根据“皇明祖训”寻找皇位继承人，终以“兄终弟及”的原则，由武宗的堂弟朱厚熜即位，即明世宗嘉靖皇帝。此时，秦金改任吏部左侍郎，随后卷入京城的政治旋涡之中。

由于明代六部分割了宰相很大一部分事权，因此各部在其管辖范围内权力都有很大扩展。其中又以吏、兵、户、礼等部最为突出。在参与决策上，六部，尤其是吏部，因其掌管文官用人权而地位最高。

吏部尚书地位之尊，在朝臣中首屈一指。“吏部尚书，表率百僚，进退庶官，铨衡重地，其礼数殊异，无与并者”，享有“赞天子之治”的特殊地位。以至有人说：“今吏部之职，拟古宰相。而其黜陟之柄，有宰相所不及者。如前代人主有所简拔，或不关中书。祖宗时用人，亦往往出亲擢。今凡不由吏部拟上而特旨迁除者，谓之传奉官，必不久而罢。人亦耻为之。又如有降黜官，虽奉特旨，他日尚可复起。独由吏部考察者，永不叙用。其体势之重，古未有也。”

吏部尚书为百僚之首，吏部侍郎可与他部尚书均礼，秦金任吏部左侍郎，佐助尚书管理本部事务，其地位之尊可以想见。

秦金在担任吏部左侍郎期间，负责“京察”事宜，定期考核京师及地方官吏政绩。所谓“京察”，原是明朝考核京官的制度。每隔六年，会根据官员的政绩、品行，分别给予升任、降调或罢官等奖惩。凡是在京察中被罢官的，终身不复起用。因此，京察在明朝中后期逐渐成为党争的发源地。秦金到吏部任职不久，就因受到言官的弹劾，在京察中，被降为户部左侍郎。

这时，由于当时户部尚书孙交尚未到任，实际上是由秦金负责户部的事情。明代户部其属有四：一曰总部，掌天下户口、田土、贡赋；二曰度支部，掌考校、赏赐；三曰金部，掌市舶、库藏、茶盐；四曰仓部，掌漕运、军储。其中，嘉靖初年的新政内容之一清查庄田，也由户部负责。

明代的庄田，种类很多。有皇庄、诸王庄田、公主庄田、勋戚（功臣与贵戚）庄田、大臣庄田、中官（太监）庄田、寺观庄田等。其中，数额庞大的庄田，实际上只有很少一部分是皇帝钦赐的，绝大多数是藩王、勋贵、宦官等奏请讨要的，只是形式上由皇帝赐给而已。庄田创设之初，尚有章法，未酿成民害。后来，朝廷失控，规制混乱，不是利用空闲之地，而是占夺民田。这一时期，庄田不仅侵占民田，而且租额颇重。加之管庄人户横行不法，庄田遂成民害。不仅破坏了正常的经济秩序，激化了社会矛盾，而且也威胁到国家的税粮收入，由此引起了广大官民的不满和愤恨。

明朝中后期，土地兼并日趋严重，社会已呈现危机。秦金认为这是“非盛世之事”，他屡进谏言，坚决制止外戚、豪强强占土地。嘉靖元年(1522年)，外戚邵喜奏乞庄田，“名曰请乞，实则强占”，秦金上疏陈述祖制、请求抑制，力抵其弊。嘉靖皇帝不得不在舆论压力下，“称喜而听从其议”。

随着嘉靖皇帝对善政的抛弃，政治一天天腐败起来。他热衷于“议大礼”、改祀典，追求精神上的自我满足；迷信于方士巫术，妄想成仙长生，永享荣华富贵；对臣下则察察为明，刚愎自用，爱好虚荣，从而培植了阿谀奉承的歪风，败坏了吏治，搞得朝政一团糟。

据《光绪无锡金匮县志》记载，作为南京礼部尚书，秦金率领诸位大臣上《时政不能如初》疏，直谏皇帝说：“陛下临御未几，政渐不能如初……初政所以清明者，政在公朝也；今政所以淆溷者，政在左右而外廷不知也……官府之地隔而信任有所偏，妇寺之情亲而听受有所蔽，名曰总揽而太阿之镈实移于下矣。”

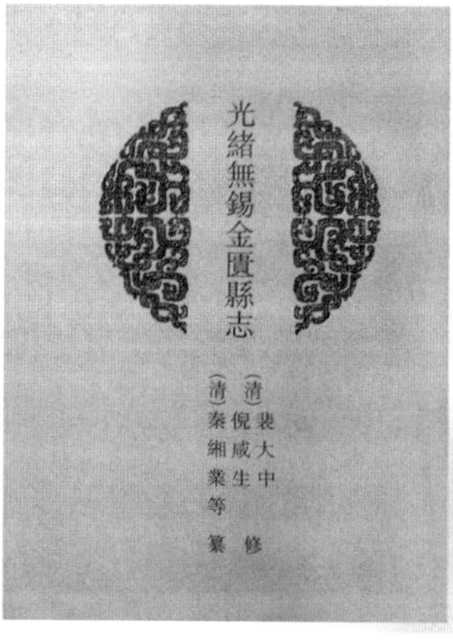

《光绪无锡金匮县志》

秦金在上疏中指出了嘉靖皇帝即位后勤政渐不如前的八条例证：诏令不能如初，任贤不能如初，听纳不能如初，慎名器不能如初，谨国法不能如初，恤民瘼不能如初，崇正道不能如初，啬精神不能如初。他指出皇帝必须政令如一才能保持国家的长治久安，字字切中时弊。秦金的上书代表了许多忧国忧民的大臣的意见，但也有一些大臣认为他的言辞激烈，肯定会忤逆皇帝。北京礼部尚书汪俊极力劝说嘉靖皇帝接受这个忠谏。

嘉靖皇帝感其清正耿介，不仅没惩办秦金，反而出人意料地晋升他为南京兵部尚书。同年冬天，由于户部尚书孙交卸任，秦金被召为户部尚书。

这期间，嘉靖皇帝和一些大臣之间的“大礼仪”之争正如火如荼地进行着，秦金不可避免地卷入其中。明世宗嘉靖皇帝是个很爱虚荣的人，他由藩王而入承皇位之后，由个人的虚荣，发展到尊崇其生身父母。在即位后的第五天，即正德十六年四月二十七日，就下令礼官集议崇祀其父兴献王的典礼，尊他的生父为帝。

大多数大臣认为这与礼不符，按礼嘉靖皇帝应尊正德帝的父亲弘治帝为“皇考”，另尊其生父为“皇叔父”，尊其仍在世的母亲为“皇叔母”。这种“移易”父母的办法，对于虚荣心极强的明世宗来说，当然是不能接受的。他当即表示不满，要求另议。

大臣们见此法不能说服他，只能提供一个折中的办法，就是尊嘉靖皇帝的生父为“本生皇考恭穆献皇帝”。但嘉靖皇帝还是不让步，嘉靖三年(1524年)三月，下令一定要删去前面的“本生”二字。秦金和九卿大臣都上书力争“本生”二字不应删去，但嘉靖皇帝均留中不发。秦金就和廷臣统统跪伏在大殿上，请求皇帝收回成命。嘉靖皇帝闻知后，命令司礼太监传旨劝退群臣，但群臣齐声回答：“必得谕旨乃敢退”。嘉靖皇帝大怒，杖责群臣，并将其中的一部分大臣逮捕下狱。

之后，嘉靖皇帝又尊其生母为“皇太后”，在册封仪式上，秦金和赵璜等人没有出席，皇帝对此感到颇为生气，切责他们怠慢无礼。在这两件事上，秦金忤逆龙鳞，惹怒了嘉靖皇帝。此后，又发生了几件事，秦金得罪了一批权贵，迫使他在嘉靖六年(1527年)的官员考察中自陈致仕，归乡养老。

第一件事：永福长公主向皇上请求宝坻、武清两地。秦金上疏说：“公主前已给有庄田，未及旬月复有此请，若戚里之家互相仿效，则尽畿内之地不足以供之。且所请地今堪未报，难以处给。”秦金认为这两地范围太广，请求皇帝减量。嘉靖皇帝听从了秦金的建议，稍有顾忌，将所准赐地大大缩减，在嘉靖六年十二月，钦赐天津城南旷地六百余顷给永福长公主，导致公主不满。

第二件事：山海、抚宁诸县的几千顷土地原本赐给魏国公徐达，徐达死后仍归还国家所有，久已转给民耕。其孙定国公光祚又要请收回这两块土地，秦金执意奏请不给。而后，给事中黄重、御史张珩等人也先后争要这两处地方，秦金等大臣反复劝说皇帝不准。

第三件事：宦官梁谏为了一己私利，报称内府供用金宝珠石缺乏，宫中需要增添一批，请户部拨款。秦金深知百姓疾苦，上书说现在国库已近亏空，而宫中已经有一定量的金银珠宝，可以不再添置。但嘉靖皇帝却仍令宦官照单添购。

第四件事：反对权贵奏讨盐引。奸人逯俊等乞两淮盐引三十万，嘉靖皇帝应允。秦金力争认为不可，由此忤逆了嘉靖皇帝。

秦金借每六年一次对文武百官的考察之机，辞官还乡。归休四年间，营造凤谷行窝。

秦金文武忠孝的德行，为众人赞叹，许多人希望他能回京复职。嘉靖十年(1531年)，由于群臣的一再保荐，朝廷重新起用秦金为南京户部尚书。上任伊始，秦金就上陈“利兵六事”，提出一系列整饬军队的意见。次年，他改任北京工部尚书，主要职责是监督修建太庙，他“夙夜在官，督视维谨，料理有法，大工赖之”。

在秦金复任后的最后几年中，受到皇上的赞赏，他获得了大量的封赐。嘉靖十三年(1534年)，秦金被加封为太子少保。一年后，又升太子太保，改任南京兵部尚书。

此后不久，秦金就因为年老体弱，请求告老还乡。嘉靖十五年(1536年)，朝廷恩准了秦金的请求。回到无锡后，秦金住在城内西水关“尚书第”。时人称他为“两京五部尚书，九转三朝太保”，秦金在两京(北京、南京)担任了五个部的尚书(南京礼部、北京户部、南京户部、北京工部、南京兵部)，故有“五部尚书”之称；太保多用来为大官加衔，表示皇帝的恩宠而无实际官职，秦金因为在孝宗、武宗、世宗三朝皆任此官，故有“三朝太保”之称。

嘉靖二十三年(1544年)，秦金驾鹤西辞，享年七十八岁。讣告传来，世宗皇帝震惊哀悼，罢朝一日，降旨司官讨论丧葬事宜，这在中国古代历史上是不多见的。世宗念其一贯廉正自持、忠勤体国，还为他加封谥号——端敏，这就是后世人常称他“端敏公”的缘由；这个谥号也表明秦金生前是一位行为端方、办事练达的名宦能臣。

## 第三节　宦海沉浮　寄畅山水

人们喜欢用“宦海”两个字比喻官场，正如晚清小说《宦海》的楔子所云：“宦海波涛，官场鬼蜮，出门荆棘，跬步崎岖。”官场最能成就人，也最能毁灭人。对于官场中的酸甜苦辣，每一位身处其中的人都会有自己的感触。秦耀一生为官，经历了无数的荣辱、恩怨、是非、风险，对于官场体会自然不是普通人所能比的。

秦耀，字道明，号舜峰，明世宗嘉靖二十三年生于无锡古运河畔。他自幼聪敏好学，嘉靖四十三年(1564年)秋，在应天参加乡试中举，第二年春赴京会试，却没有考中。回家后不久，秦耀的父亲秦禾和祖父秦淮又相继病故，他遭遇了人生中的第一次打击。在居家守丧的三年中，他在无锡西城门外浒溪的“秦大坟”旁，构屋数楹，一面为父守丧，一面用功苦读。他读书的时候，常常是一盏孤灯，通宵苦读。如此这般废寝忘食，自然成就了一肚子的学问。

隆庆五年(1571年)春，守丧期满的秦耀再次赴京会试，中三甲第一百一十四名进士。当时，他的主考官就是大名鼎鼎的张居正。像其他大权在握的人一样，张居正并不回避利用其权势培植自己的势力，擢升像秦耀这样的追随者。

秦耀在张居正的举荐下，被选为翰林院庶吉士，入庶常馆深造。作为新科进士中的佼佼者，能够入选翰林，不啻是有了今后飞黄腾达的“通行证”和“护身符”。秦耀在翰林院学习一段时间后，又任刑、兵、礼、吏诸科给事中。

明制分设吏、户、礼、兵、刑、工六科给事中，掌侍从规谏，稽查六部之弊误，有驳正制敕违失之权。因此，明代的给事中一职，属朝廷内的谏官。步入仕途之后，忠厚勤勉的秦耀，施政办事都很不错。而且秉性耿直的他，依然保持着真诚正直、廉洁忠介的本性。他敢于谏诤，凡有纠察弹劾之事时，其他人往往顾虑重重、不肯明讲，他却无所避忌，慷慨直言。他也曾多次上疏弹劾权臣，敢于揭露六部百司，批评朝政，义正词严，从不考虑个人得失。其敢言直谏之气，倾动朝野。

那时候，秦耀的母亲随儿子住在官邸，对朝廷的风雨、官场的权势之争，也时有耳闻。秦母担心儿子会因言多而招祸，便苦口婆心地劝诫儿子说：“我听说古时候有个名叫王缙的人，他论事，非思虑再三不可，否则是不轻易开口的。你难道不应该效法他吗？”耿直无私、清正严明的秦耀则回答道：“身居言职，就必须竭尽其忠，个人的成败得失，是不应多想的。”

万历十年（1582年），秦耀被任命为太常寺少卿，官居四品，协助太常寺卿总管宗庙祭祀的礼乐大典，并且提督四夷馆，管理四夷馆日常事务。

因四夷朝贡、言语文字不通，明朝专门设置了四夷馆，希望“习译夷字以通朝贡”，“以通夷情”。明代的四夷馆，是专门负责四夷往来的语言、文字翻译和教习诸蕃语言文字的机构。

万历十四年(1586年)，秦耀巡抚南赣，万历十七年（1589年）升都察院右副都御史，督抚全楚，时年秦耀四十六岁。

秦耀的经历很像其曾祖父秦金，当年四十七岁的秦金也曾巡抚湖广，两人在差不多的年纪做到同样的职位，是锡山秦氏家族中功名最显赫的两位。在秦耀心中，也确实有以秦金的勋功自期之意。

秦耀能够在官场平步青云，不仅是因为其能力出众，有见识、有气量，还多亏贵人提携。这位贵人便是当朝宰相张居正。张居正十分器重这位门生的才干，因此秦耀被视作张居正的同党，一时颇为惹人注目，这也为日后秦耀在张居正失势后被削籍罢官埋下了种子。

“宰相之杰”张居正，因其巨大的历史功绩入阁为首辅，主持了明代历史上最重要的政治经济改革，带来了明朝的全面复兴，清代的蔡岷瞻评价说：“明只一相，张居正是也。”张居正屹立于明朝的权力之巅，左右政局达十年之久。自1572年以来，张居正便成为资深的内阁大学士。1573年，九岁的万历皇帝登基，张居正作为皇帝的师傅摄政。他像严嵩一样是明代几个掌握了朝政的内阁大学士之一，其实际权力相当于首相。

在张居正耀眼权力光环的背后掩盖着血雨腥风，暗藏着层层杀机。就在他死后不久，辽王的生母王氏当即向朝廷进呈《大奸巨恶丛计谋陷亲王、强占钦赐祖寝、霸夺产业、势侵全室疏》，诬陷张居正侵夺辽王府金宝财货，并扬言“金宝万计，悉入居正府”。

一时间，朝野呼应，上下其手，闹得群情汹汹，最终导致神宗决定对尸骨未寒的张居正痛下杀手。万历十二年(1584年)四月，突然下诏削夺张居正一切官爵，并查抄家产。尚未来得及逃出的老弱妇孺十数人，被关在府内，其长子自缢身亡，三子自杀未遂，家眷数人饿死，其中还有三名婴儿，一代名相竟落得家破人亡。

张居正蒙冤，一切功名利禄尽被削夺，从权力之巅跌入家破人亡的地狱，不仅其家人受累，就连门生、旧部也都受牵连，皆被撤职，秦耀便是其中一位。

万历十九年(1591年)，秦耀在湖广巡抚任内，年富力强的他决心大干一场，以报效国家。秦耀与先祖秦金在相同的年纪，担任了相同的官职，但不同的是，秦金以功名终，而秦耀却在盛年遭罢黜。

原来此时适逢大旱，江潮枯竭，麦禾不收，民无粮食，疫痢并兴，秦耀所辖之地死人无数，一副饿殍遍野、道馑相望的惨象。秦耀看到这种景象，利用自己代天子巡按一方的重权，上奏请留下部分库银赈灾，设法赈济，但是昏庸的万历皇帝却没有听取秦耀的合理建议进行有效的赈灾。秦耀在无可奈何的情况下，只得动用国库钱粮赈济灾民，使得数十万灾民得以存活。

然而这却成为口实，招致祸害。秦耀的赈灾之举，遭到一些漠不关心民情的同僚的不满和诽谤，秦耀的政敌嫉恨他为官清廉，对他妄加攻击，说秦耀原是张居正改革的得力干将，紧跟过张居正，应该彻底追查。当时闹得最凶的是他的属吏、衡州同知沈鈇。

原来早在赈灾之时，惯常说人是非的沈鈇，就向秦耀告发其他官员。秦耀秉性耿介、直言不讳，不仅不理谗言，还严厉地呵斥了他。于是心术不正的沈鈇对秦耀怀恨在心，想方设法排挤他，先是“追公去楚，日夜伺其短，不得会”。在张居正一党失势后，沈鈇又迫不及待地企图谋害秦耀，在他人的唆使下，勾结了反对张居正一派的官吏来诬陷暗算秦耀，上疏告发秦耀侵吞公款。朝廷轻信沈鈇之言，未经查证，就将秦耀革职。

虽然秦耀在任期间秉承张居正主张改革、整顿吏治的意旨，大力推行法治，颇有政绩，但因其系张居正的门生，而被追论，终解职归乡。

回无锡后，秦耀寄抑郁之情于山水之间，朝夕徜徉在惠山之麓，徘徊于别墅园林“凤谷山庄”之中。为使祖上这座花园不至荒芜，自己也好有个修身养性之所，他几历寒暑，悉心加以整修，疏浚池塘，改筑园居。到万历二十七年(1599年)整修完成，取王羲之《答许椽》诗“取欢仁智乐，寄畅山水阴”句中的“寄畅”两字，将凤谷山庄更名为寄畅园。

秦耀虽寄情山水园林之间，远离了官场的人事纠缠，但因壮志难酬，心情始终抑郁。万历三十二年(1604年)春，秦耀一病不起，初夏便撒手人寰。临终之日，一言未发，只是频频举手，似有不平之意。

## 第四节　辰未联科双鼎甲　高玄接武十词林

无锡秦氏经过明清之交，在清朝初年又开始逐渐崛起。清代康、雍、乾三朝，更是其鼎盛时期。在秦氏宗祠的大门上曾经挂过这样一副对联："辰未联科双鼎甲，高玄接武十词林"。锡山秦氏家族科甲鼎盛、俊秀如林的盛况，由此可窥见一斑。

"辰未联科双鼎甲"的意思是说，秦氏家族的子孙秦蕙田、秦勇均在乾隆丙辰年(1736年)、己未年(1739年)两科考试中，名列一甲第三名，中了探花。

"高玄接武十词林"是指自从高祖到玄孙，祖孙五代人中相继有十人考取进士，被授予翰林院编修，分别是秦鉽、秦松龄、秦道然、秦靖然、秦蕙田、秦勇均、秦璜、秦泰钧、秦潮、秦泉。

在这十人当中，秦松龄一族就占了五人，秦道然、秦靖然均为秦松龄之子，秦蕙田是秦道然之子，秦泰钧是秦蕙田之子。这足见秦松龄教子有方，家业兴旺。

秦松龄生于明崇祯十年（1637年），他的天赋很高，幼年时就有非凡的天资，即孔子所说的“生而知之者”。在他五岁时，塾师开始教授他《中庸》，他常常闭目沉思，对所谓“天道”的理解给老师留下很深的印象，老师常以其年少聪明出众而称赞他。秦松龄十一岁中秀才，十七岁中举人。顺治十二年（1655年），十八岁的他晋京赴试便中了进士。

秦松龄因才华出众而被任命为翰林院庶吉士，此后他便入了带有浓厚学术色彩的官署——翰林院，成为翰林院最年轻的院士。

翰林院为储才之所，储养以待用也。然储则需时日，时间一长，必致懈怠，即使有才，久不用则必成无用。为激励翰林官保其进取之心，清代创立了大考之法，即通过考试的方式甄别翰林官之才品，进行奖罚陟黜。

顺治皇帝御试词臣，召试咏鹤诗，秦松龄应试其中有“高鸣常向月，善舞不迎人”之句，以诗言志，可见人品之高。顺治皇帝大加称赏，认为此人“必有品”，于是选拔他为第一名，并指示阁臣说：“此人定是一位有品德的人”。

少年得志的秦松龄由此开始了他跌宕起伏的官场生涯。顺治十四年（1657年），春风得意的秦松龄任检讨之职。检讨为文官，职掌修撰国史。

天赋异禀、年轻有为的秦松龄，以为从此可以平步青云、施展抱负了，但令他没有料到的是，他日后的仕途并不是十分顺利。任检讨之职后不久，秦松龄就因“江南奏销案”而罢归。

顺治十八年(1661年)，清廷将上年奏销有未完钱粮的江南苏州、松江、常州、镇江四府并溧阳一县的官绅士子全部黜革，史称“江南奏销案”。

秦松龄

清初入关之时，当时的清政府财政拮据，军饷告急，为支持统一全国的战争，朝廷在富庶的江南地区实行了比明代更为严厉的催科。顺治帝去世后，四大辅政大臣把持朝政，对江南士人实行了高压政策。据董含《三冈识略》卷四《江南奏销之祸》记载：“江南赋役，百倍他省。而苏松尤重。迩来役外之征，有兑役、里役、该年、催办、捆头等名，杂派有钻夫、水夫、牛税、马豆、马草、大树、钉麻、油铁、箭竹、铅弹、火药、造仓等项，又有黄册、人丁、三捆、军田、壮丁、逃兵等册。大约旧赋未清，新饷已追，积逋常数十万。”

在追缴过程中，经征之官十分严酷，不足额者往往要被参罚，没有能力缴纳的则遭到官吏的催逼。其中江南士人逋欠最多，因而受到的打击也最严重。江南缙绅豪强凭借权势交通官府，贿买书吏，隐混和拖欠钱粮，致使积逋常达数十万。清政府为了裁抑缙绅特权和从政治上进一步压服江南地主，便借口“抗粮”，制造了奏销案。

此案初只限于无锡、嘉定两县，至顺治十八年夏乃通行于四府一县。根据江宁巡抚朱国治的造册上报，清廷将欠粮者，不问是否大僚，亦不分欠数多寡，在籍绅衿按名黜革，秀才、举人、进士，凡钱粮未完者，皆被革去功名出身；现任官概行降两级调用，计共黜降一万三千五百一十七人。其中不少人被逮捕，械送刑部议处，甚至某探花只欠银一厘亦被黜。

这里用到“不少人”“某探花”，只是些含混的词语，是因为后人经过细致的爬梳，参照清代官方史传透露的相关信息，却只能描述此案的历史概貌，而无详尽确凿的史实记载。正如清亡五年时孟森《奏销案》指出，清初的这一巨案，清朝官修史书绝不记载，“二百余年，人人能言有此案，而无人能详举其事者”。

奏销案对广大汉族士人、地主，特别是江南世家大族进行了残酷打击，这种简单的高压政策导致江南士人人人自危。在清政府接连不断的打击下，江南士人倾家荡产，甚至身家性命难保。他们在悲惨的命运中哀叹，骨子里的抵触情绪愈加浓烈，与朝廷的离心力越来越大。

秦松龄也受到此案的波及，被斥革十余年。虽然因此案而罢归，但秦松龄确有隐情。他在自己的文集中说道：“某久在京师，素知功令，薄田五顷……本籍欠粮之册，绝无贱名。只以同族孀姑，远在邻邑，平日不相闻问，不知何人所使，诡将彼户滥注卑衔。逋赋三分，致干国宪，直俟檄提之日，方知受罢之由。”原来，秦松龄的姑母未通知秦松龄而把田产列入秦松龄名下以逃避完粮，导致秦松龄罢官。考虑到族姑寡母孤儿，秦松龄的父亲秦德藻不让其申诉。

罢归后，秦松龄的仕途并没有因此而终止，康熙十三年(1674年)，他再次“以贤能荐举湖广军前效用”。是时，秦松龄已经三十八岁。

康熙皇帝六岁即位，冲龄践祚，到康熙六年(1667年)开始亲政。幼年君主，已有总揽乾纲的独断能力，这从他制服鳌拜集团可窥一斑。面对江南士人的现状，为了驱除奏销案所造成的笼罩在江南士人头上的阴影，康熙皇帝继续采用多尔衮、顺治皇帝的怀柔政策。

为了拉拢士大夫阶层，康熙皇帝采用了一系列策略，如尊重汉俗，崇儒重道；推行汉制，亲近汉族士人；恢复明制，将内三院改为内阁，另设翰林院。康熙十六年(1677年)，又设立南书房，吸收一批汉人精英，以备咨询。康熙皇帝异常重视南书房，经常在那里与汉大臣讨论学术、政治，南书房对康熙皇帝的决策起了非常大的作用。另外，康熙皇帝原则上确立了“满汉一家，中外一体”的政策，统一满、汉官员的品级。

康熙皇帝极力拉拢汉人，对他们优遇、宽容，令其既为国所用，又感恩戴德；同时又借拉拢、利用之机来控制他们，逐渐消磨了他们的不满和对抗清朝的情绪。康熙十二年(1673年)，吴三桂发动叛乱，打出“反清复明”的旗帜，煽动明朝遗民的反清情绪。此后，三藩战争烽火蔓延到十一个省，清政府面临着新的政治危机。

为了争取更多江南士大夫的支持，朝廷积极筹划，实施了一个笼络名士的举措，即征召博学鸿儒。博学鸿儒科是康熙皇帝的一种创新，它集汉代的征辟、荐举与唐宋的词科于一体，是科举之外的一种特科，又称制举和大科。由天子亲召或亲试，用以吸纳非常之才。

此次征召，康熙皇帝极为重视，对应试者的待遇也极为优厚，这表现在试前、授职和升迁的各个环节中。

博学鸿儒科采取举荐与考试相结合的办法，康熙十七年(1678年)正月二十二日，康熙皇帝郑重谕内阁，诏令各地推荐人才，上谕曰：“自古一代之兴，必有博学鸿儒振起文运，阐发经史，润色辞章，以备顾问著作之选。朕万机时暇，游心文翰，思得博洽之士用资典学。我朝定鼎以来，崇儒重道，培养人才，四海之广岂无奇才硕颜，学问渊通，文藻瑰丽，可以追踪前哲者！凡有学行兼优、文辞卓越之人，无论已未出仕，著在京三品以上及科道官员、在外督抚布按备举所知，朕将亲试录用。其余内外各官果有真知灼见，在内开送吏部，在外开报于该督抚代为题荐。务令虚公延访，期得真才，以副朕求贤右文之意。尔部即通行传谕遵行，特谕钦此。”

在朝廷三令五申和地方官员再三催促之下，全国共荐举了一百八十六人，其中不乏素有才名的学者和才子，如朱彝尊、陈维崧、尤侗、阎若璩等人。秦松龄也在推举之列，在康熙十七年“由大学士李天馥、侍郎项景襄、湖广总督蔡毓荣等，以博学鸿儒荐”。

康熙十八年（1679年）暮春，除去丁忧和疾病的人员外，最终共有一百四十三人赶赴京城。三月初一，康熙皇帝亲自召试体仁阁，试题为一赋一诗，即《培玑玉衡赋》和《省耕诗》。

试后由大学士李蔚、杜立德、冯德及掌院学士叶方霭阅卷，分判为四等。在校阅试卷过程中，完全不像科举考试那样严密。考卷未经密封，未经誊录，评判宽松，康熙皇帝对诸多试卷详细过问，且对有异议之处予以包容。康熙皇帝又对等第名次稍作调整，凡是名声较大，在必取之列的人，即使考试成绩不佳或者诗文有错误，甚至犯了违碍，也不计较。如无锡布衣严绳孙参加考试时就仅写了一首《省耕诗》，未作赋，希望因此而落第，康熙皇帝却因其名声太大，认为“史局不可无此人”，而将之列为上卷之末。

康熙十八年三月二十九日考试揭晓，取中一等彭孙通、二等李来泰等五十人，中试率高达百分之三十五左右。朝廷对鸿儒的授官待遇也旷古未有，将取中的五十人全入翰林，而正常的科举取士，只有一甲进士方得直入翰林。授官时，已做官者授侍读、侍讲，进士出身者授编修，举人、贡监、生员、布衣一概授予检讨。对孙枝蔚、邓汉仪、王嗣槐等与试未入选的年长者授予内阁中书，对因老病不能入试的傅山和杜越，特旨免试放还，授予中书衔。

在这次制科考试中，最抚慰士人心灵的举措，要算是令五十鸿儒皆入史馆，纂修明史。“这对于那些一方面希图通过修史来探讨、总结明亡之原因、教训，另一方面不甘心‘国亡史亦随之亡’，视‘国史’为‘国之命脉’的传统知识分子，无疑是最好的笼络与安抚。经此，即使在试前仍心存疑虑或被逼无奈者，也俯首就命了。”

作为一名普通的士子，秦松龄在这场考试中中了一等第八名，因而得以重沐皇恩，“复原官，纂修明史”。

康熙二十年(1681年)，秦松龄“充日讲起居注官，典试江西，升右春坊中允，兼翰林院修撰”。由于日讲起居注官直接侍奉皇帝左右，与皇帝接触最多，因而很受信任，升迁也快。

康熙二十三年(1684年)，秦松龄又“升左春坊左谕德，充顺天乡试正考官，举乡饮宾”。被任命为顺天乡试正考官，本是荣耀乡里之事，宗族亲友、门生故吏，争来庆贺，但是，顺天乡试正考官却是秦松龄担任的最后一任官职。

原来，那年的乡试发榜与之前略有不同，经朝廷批准后，恢复了下发顺天乡试录及各省题名录的工作，即将刊刻有中试者姓名和出身、考官姓名和职衔、考试内容等的册子，分发给中试者。而一经下发，众人发现所录取者多是浙江籍的考生，其他一些省份则一人未录，由此物议沸腾，谣言纷起。

康熙皇帝闻知此事遂命令磨勘试卷，会审考官。

磨勘试卷是清代科举考试中复查试卷的制度。清初定例，各省乡试揭晓后，依程限解试卷至礼部磨勘，迟延者罪之，防止闱后有人修改试卷。磨勘的步骤，首先是察考官，倘有出题错误，给以罚俸处分。其次是复阅举子试卷，严查有无弊幸及瑕疵。倘有文理悖谬、字体不正、硃墨不符、对非所问者，黜革除名。有不遵传注、不避圣讳，以行草誊录，四书文过七百字者，罚停一科至三科不等。一省当中，如斥革三名以上，主考官即被革职或提问。

经过礼部磨勘试卷，认为在秦松龄主持的顺天乡试中，有“文体不正三卷，文理悖谬二卷”。于是奏请将正考官左春坊左谕德秦松龄、副考官翰林院编修王沛思、同考官内阁中书王锌、工部主事张雄俱照例革职，候选主事张曾祚照例革职，交刑部提问。秦松龄因“典试顺天”而卷入了一场复杂而凶险的较量中，最终落职归乡了。

秦道然是继其父秦松龄之后，锡山秦氏家族中的又一位重要人物，前文说到，他的仕途生涯颇为曲折。秦道然“少时资颇钝”，他的塾师认为其天资愚昧，曾多次劝过秦松龄让秦道然退学。但秦道然决心克服自己天资方面的缺陷，他“发愤自强，始文一首率二三百遍，后渐减，最后两三遍即成诵”。

世界上能登上金字塔的生物只有两种：一种是鹰，另一种是蜗牛。不管是天资奇佳的鹰，还是资质平庸的蜗牛，能登上塔尖，极目四望，俯视万里，都离不开两个字——勤奋。

秦道然深知加倍努力、勤奋不减的意义，他不因资质愚昧而自悲自叹，反而比别的孩子加倍努力，刻苦攻读。秦道然为了把文章背下来，宁可把文章读上几百遍。这样坚持下来记忆慢慢变得容易了，后来一篇文章只要读几遍就背下来了。他意识到自己克服了一个思想障碍，对朋友们说过去的愚呆是自己内心里存有一片阴影，现在这阴影去掉了，记忆力大大增强了，于是他就更加勤奋地致力于经史子集的学习。经过自己的不懈努力，终于“能融贯经义，为文卓然名家”，并在康熙四十八年成为进士，后改翰林院庶吉士。

秦道然的儿子秦蕙田生于康熙四十一年(1702年)十月十九日，在他出生的时候，秦道然已经45岁，且宦游于京师，于是秦蕙田从小与祖父秦松龄生活在一起。他深受祖父影响，“少承家学，以经术笃行，为江阴杨名时所知”。

秦蕙田在乾隆元年，考中进士，殿试获一甲第三名探花，授翰林院编修，官至刑部尚书，同时兼任工部尚书，并加封太子太保头衔。在刑部尚书任内，秦蕙田曾上书安置各省流亡乞丐，将无家可归者和乞丐遣返原籍，编甲或收容，加以管理。乾隆皇帝认为这是清理狱讼、消弭盗贼的好方法，于是对秦蕙田的建议稍作修改，称“与其纷纷移解，责成原籍收管，不若就所在地方设法查禁。嗣后地方官凡遇流丐在境，务须督率保甲人等淳切晓谕，仍不时留心察访，如有逞强不法者即严拿惩治”。此举解决了一个长期无法解决的社会问题，为稳定清王朝的统治，立了大功。乾隆二十二年(1757年)，乾隆皇帝南巡，亦命秦蕙田随驾南行，到达无锡时就住在秦氏家园——寄畅园，君臣赋诗唱和，极一时之盛。

寄畅园

在锡山秦氏的为官者之中，数明代的秦金与清代的秦蕙田最有名气，在《明史》与《清史稿》中都有他们的传记，他们是当时颇有政绩的名宦。

随着秦蕙田的步步高升，秦家家道复苏，锡山秦氏一族再次得到皇帝的恩宠。自宋代以来，科举官僚制度普遍推行，科举的成功与否，不仅关乎个人命运，还与家族的兴衰密切相关。尤其是在明清社会，能延续二三百年的士族十分有限，更多的是延续百年上下的世家。正如归有光云：“吾吴中，无百年之家久矣。”然而锡山秦氏家族却能够数代经营，奕叶科第。自秦夔登榜进士后，秦金、秦梁、秦禾、秦耀等众人相继及第，科名不断，代不乏人，秦氏逐渐兴旺起来。应春秋两试，每榜必有及第者。当时，锡山秦氏家族簪缨甲第，蝉联累叶，乡人莫不啧啧称巨族。

经过几代人的奋斗后，秦氏家族通过科举取得了令人称羡的荣耀。秦氏子弟深知家族荣耀得之不易，故竭力持守，以求承继先人荣光，唯恐有失。至清代康乾时期，更是科名鼎盛，这在“天子重英豪，唯有读书高”的年代里，是极为荣耀的事情。族人在朝为官的达数十人之多，功勋卓著、声名显赫，出现了许多为人景仰的名臣。特别是秦蕙田历任重要官职，官高爵显，深受乾隆皇帝赏识，把秦氏推到了家族发展的最高峰。

锡山秦氏子弟能有这样的成就，除自身天资卓特、勤苦好学外，与他们从小便受到家族长辈的训导教育分不开。

譬如锡山秦瀛，其诗文德业，世所并知。任职顺天府尹时，他回忆幼时父亲训督教导的情景，深有感触，请严钰为绘《秋窗课读图》，自为记，记中有云：“瀛无他师，受经于先大夫，督课甚严。十三岁时，先大夫入京师逾年，归课瀛课如前，尝手《十三经注疏序》及马端临《文献通考序》授瀛读。一夕，灯下读《汉书·地理志》，夜半稍倦，先大夫怒而责之，先淑人辄陪先大夫坐而课读，俟瀛睡始就寝。”秦瀛自幼刻苦学习，父母期望颇殷、督课甚严，虽一夕不稍纵。父亲凌晨教读，诵读诗书；母子一灯相守，且读且绩，往往至夜分。窗下父母督子读书的情景，跃然纸上。

在古代社会中，皇亲国戚、富商巨贾、文官武将、田连阡陌的大地主，家资丰厚者比比皆是。为什么在同样的物质条件下，有的家族很快转变为“世以儒业进”的科举家族，而有的家族却长期与科举无缘呢？这在很大程度上与家族成员所生活的人文环境，特别是与对子女教育的重视有关。

科举家族中的长辈教育族人刻苦读书不断获取功名，是科举家族代代相承的“世业”。秦氏家风严谨，族中子弟褒衣矩步，勤奋向学，读书不倦。但秦氏家族人丁日繁，家中贫困者，力不足以延师教其子弟。富有财产的族人，通过设立族田、兴办族学，为贫寒族人免除衣食之忧，以保持家族在科举中的优势地位。

锡山秦氏重视家族教育，并为之提供制度保障和经济支持，所以有义庄、家塾之设。书塾位于城中第六箭河，在嘉庆初年，由秦震钧、秦瀛捐田捐屋建成，其旨在于聚集族中子弟而教育之，传承家风、家学，培养人才。

锡山秦氏家塾几经风雨，历尽曲折，终保持原貌。秦氏家族重学重教之传统绵延不绝，为其子弟登科入仕创造了有利条件，也保证了秦氏家族在科举上的长盛不衰。

第四章

# 恒于守业

前人创业，后人守成。一茅片瓦，守而勿失。秦氏子孙恒于守业的故事，要从一座园子说起。它历经明朝、清朝和民国的变迁，与秦氏家族相伴相依了五百多年，秦氏子孙前后相承，谨护珍袭，劳心苦力以求其不至于废坏，以至此园增长光大，堪称几百年来易主不易姓的奇迹，江南园林鲜有可与之匹敌者。它就是著名的寄畅园。锡山秦氏家族，世代子孙不管朝代更迭、革命战乱与自然灾害，始终恪尽着他们的职责忠实地守护着它。这应该使我们对锡山秦氏家族蕴藏着的内聚力有更多的理解，这是一种能抵御任何风云变幻的了不起的内聚力。

# 第一节　秦金凤谷筑行窝

前文提到过的五部尚书秦金，在六十岁时曾写了一首自寿诗：“过眼光阴似水流，漫将花甲数从头；君恩未报心犹赤，国计徒劳鬓已秋。往事知非惭伯玉，平生齐物隘庄周；南湖别业今荒矣，何日长吟对白鸥？”

凤谷行窝

诗中所说“今荒矣”的园林游憩之处在哪里呢？据清代县志记载：“明正德中，秦端敏金并二僧舍曰南隐、沤寓者为之。”端敏是秦金死后的谥号，南隐、沤寓是僧房的称谓。这句话的意思是正德年间，在秦金因丁忧首次返锡期内，他从僧人园显和定恢的手里，分别购得惠山寺北侧的两所僧舍：南隐、沤寓。

嘉靖六年，时年六十一岁的秦金，辞官告老还乡，第二次回到了老家无锡。这时的他有了足够的时间和精力，去经营那个荒废了二十一年的别墅。秦金在原有僧舍的基址上垒山凿池、移种花木、营建别墅，辟为园，取名“凤谷行窝”。

“凤谷行窝”这个园名乍听起来有些奇怪，但是，其中每个字都有深厚的内在意蕴，值得去仔细分析。

“凤”字取自园主秦金之号“凤山”，“谷”指建在惠山的山谷坞地，因此“凤谷”包含地名和人名两层意思。

“行”是相对于常住而言，取自“行宫”一词。行宫是指古代京城以外供帝王出行时居住的宫室，这里借“行”字表示临时寓居之意；“窝”表明该处是草创的居所。“行窝”两字连用，最早出现在《宋史·邵雍传》中。邵雍是北宋哲学家，晚年隐居洛阳。邵雍初到洛阳之时，生计艰难，居所的柴门土墙，不足以遮蔽风雨。司马光、富弼、吕公著等人敬佩邵雍的学识品德，慷慨解囊为他营造居所，利用五代节度使安琦珂的故宅地、洛阳知府郭崇韬旧宅的木料，盖了三十余间新屋。屋间有空地，邵雍从此在那里躬耕自给，乐在其中，为居室取名“安乐窝”。

据《宋史·邵雍传》记载，邵雍悠居“安乐窝”后，“春秋时出游城中，风雨常不出。出则乘小车，一人挽之，惟意所适。士大夫家识其车音，争相迎候，童孺厮隶皆欢相谓曰：‘吾家先生至也。’不复称其姓字。或留信宿乃去。好事者别作屋如雍所居，以候其至，名曰‘行窝’”。这段话的意思是说，邵雍在春秋二季时常择时在城内游逛，如遇刮风下雨天气，一般不外出。每逢出游时，邵雍都乘着由一个人拉着的小车。出游前，邵雍并无确切的目的地，想到去哪里就去哪里。城中的士大夫听得出他的车子的声音，便争相出门相迎。对于邵雍的到来，就连家中的孩子们和杂役仆佣都非常高兴，互相转告说：“我家先生到了。”都不再称呼他的姓和字。遇到主人喜客，邵雍就会留宿三五日，有时兴之所至，或经月忘返。有些士大夫甚至建造了同邵雍一模一样的房屋，专门等待邵雍的到来，并把所建造的房屋称作“行窝”，以此来比称有德才而隐居不愿做官的人浪游的别舍。

秦金取用“行窝”一词，一是说明惠山谷地的别墅，居所简陋，尚处于草创阶段，主要以山林野趣为主；二是表明希望自己能够像宋代先贤邵雍一样，忘官之高卑，徜徉于山水之间，流露出退隐出世之意。这个行窝，就是秦家子孙后来所建的“寄畅园”的前身。

中国园林的选址，历来都讲究“相地合宜”。所谓的相地，就是指园址的选择。建造者一般相中风景优美、有山水之胜的地方，稍加整理，构筑园林。相地常常从卜邻、察地、究源等几个方面考虑。卜邻就是在选择园址时，充分考虑周围环境，包括地理位置、地貌条件、林木植被以及周围的构筑物等多种因素；察地是为了解园址地形之高下和地被情况；究源指探究水之源头。秦金在为风谷行窝相地时着实下了一番功夫，且听下面一一分析。

一是秦金在卜邻方面的考虑，这不仅包括相邻的构筑物和自然山水，也包括周围整个环境，他综合这些因素为凤谷行窝选了一块园外有山、有泉、有寺的地方。

这山就是林壑幽美的惠山和山巅有塔的锡山。

惠山绵延二十公里，由南向北远望，其九峰如九条顽皮的苍龙，挤在一起，头东尾西，淹没于太湖之中。乾隆皇帝在评述江南诸山水时，认为“唯惠山幽雅娴静，江南第一山，非惠山莫属”。这里山间古木参天，幽谷清静，可谓“挹九峰之苍翠，瞰太湖之波涛”。

锡山是惠山东峰脉断处凸起的小峰，此山的著名之处，要数矗立在锡山之上的龙光塔。关于龙光塔，还有这么一段历史传说：在明朝正德初年，礼部大臣昆山人顾鼎臣，游览锡惠胜景后说：“惠山是龙身，锡山是龙头，无锡所以自南宋以来长期无状元的原因，是龙头上无角的缘故。”听了这位大臣的话，人们都信以为真，于是就在锡山顶上建了一座实心的石塔。此后几十年里，无锡仍没有人中状元，于是有人又提出“龙角用以听，必须空其中”。因此又在万历二年（1574年），建成七层八角的楼阁式砖塔，并由当时常州知府施观民取名“龙光塔”，寓意龙光普照。登临古塔，驻足其上，沿廊环视，便可以领略晚唐诗人皮日休所说的“历山居处当天半，夏里松风尽足听”的诗意。

这泉便是甘洌明净的惠山泉，它位于无锡惠山第一峰白石坞下，开凿于唐大历年间，相传唐代“茶圣”陆羽曾取惠山泉烹茶，饮后赞不绝口，将其评为天下第二泉。自古以来，上至帝王将相，下及民间百姓，都对这一泓清泉情有独钟，并以惠山泉沏茗为快。

据唐代的小说集《玉泉子》所说，唐武宗时，宰相李德裕对煎茶用水十分讲究，他酷嗜天下名茶名泉，素以辨水神明为人津津乐道。李德裕特别垂青惠山泉水，人居于京城长安，烹茶却不用长安水。为了能日日享用惠山泉水烹茶，李德裕竟利用手中权势，不惜劳民伤财，专程从数千里之外汲取惠山泉水。他命人在常州至长安的沿线，设立“水递”这种类似驿站的专门输水机构，将无锡的惠山泉水直接送抵长安。后来有个僧人告诉李德裕，你要喝泉水，根本用不着兴师动众，长安城内昊天观里面有一眼井水跟惠山泉的水脉相通，味质一样，不信可以试试。李德裕将信将疑，为了一辨僧人之言的真伪，他派人取来惠山泉和昊天观井水各一瓶，又混入其他地方取来的八瓶水，让僧人辨认。这僧人颇有些本事，他只取装有惠山泉和昊天观井水的两只瓶子，李德裕大为叹奇，才罢水驿专递。唐末诗人皮日休把李德裕的嗜饮二泉水与杨贵妃嗜食荔枝，同样通过驿站递送相类比，作诗给予辛辣的讽刺：“丞相常思煮茗时，郡侯催发只嫌迟。吴关去国三千里，莫想杨妃爱荔枝。”李德裕“名山递水”之举虽然荒唐，却能从中看出他对惠山泉的推崇。

至宋代，从豪门权贵到文人墨客，对惠山泉青睐有加，以惠山泉沏茗的风尚依旧。他们不计成本地仿效李丞相当年豪举，不远千里，舟车载送，将惠山泉水运到汴京，供达官显贵们享用。他们没有驿马急递的权力，便摸索出一个“拆洗惠山泉”之法。据周辉《清波杂记》载，由于经过长途跋涉后水味易变，京师的茶客们还创造了一种保鲜的办法：当泉水到达时，“用细沙淋过，则如新汲时”。即用细沙过滤，以除杂味。

惠山泉水在汴京十分珍贵，上层社会的人士以它作为最贵重的馈赠礼物。北宋时，欧阳修花了十八年的时间编成金石学专著《集古录》千卷，请蔡襄题写刻石，事毕之后，欧阳修为酬谢蔡襄，精心准备了四件礼品，一为鼠须栗毛笔，二为铜渌笔格，三为大小龙团茶，四为一瓶惠山泉水，算作润笔。这四样正合身兼墨客茶客的蔡襄之意，蔡襄乐上心来，他赞美欧公的礼物“太清而不俗”。

欧阳修和蔡襄两人留下了一桩与惠山泉有关的文来墨往逸事，与欧阳修并称“千古文章四大家”的苏轼，也和惠山泉有一段解不开的情缘。嗜好饮茶的风雅名士苏轼曾两次游无锡品惠山泉，留下了“独携天上小圆月，来试人间第二泉”的吟唱，他将泉水视为“乳水”，赞其“色味两奇绝”，后来到了杭州，苏轼还特意写信给当时任无锡县令的焦千之索取泉水，即使在谪居惠州之后，仍对无锡二泉念念不忘。

元代翰林学士、大书法家赵孟頫专为惠山泉书写了“天下第二泉”五个大字，至今仍完好地保存在泉亭后壁上。当时，赵孟頫还吟了一首咏此泉的诗：“南朝古寺惠山泉。裹名来寻第二泉，贪恋君恩当北去，野花啼鸟漫留连。”

天下第二泉

到了明代，惠山泉早已成为游览胜地，吸引了众多名士文人慕名来此品茗游玩，并在名泉之畔留下了游踪和题咏，如文徵明诗“惠山泉下小船归”，谢应芳诗“寻常新汲惠山泉”。在这些诗作中，不乏为惠山泉屈居第二泉而鸣不平之作。诗人王世贞吟出：“一勺清泠下九咽，分明仙掌露珠圆。空劳陆羽轻题品，天下谁当第一泉？”

孰是天下第一泉的辩争，促使惠山泉名声越传越神，名号越叫越响，世人对惠山泉的仰慕也更是狂热，明代著名学者邵宝曾用诗句“漪澜堂下水长流，暮暮朝朝客未休”，来描写当时人们来此品泉的盛况。千百年来，惠山泉名重天下，四方茶客们不远千里前来汲取二泉水，周围的石槛已被汲水者踩陷十多厘米。时至今日，好饮惠山泉的人们每日提壶携桶，排队汲水，为的是试泉品茗。在此烹泉煮茶，与别处不同，自有一番味道。

首先，因为惠山泉的水与众不同。“精茗蕴香，借水而发，无水不可与论茶也。”惠山泉的水质轻味甘，更能冲泡出茶内特有香气，入口顿觉清香四溢，一口茶徐徐咽下，入喉滑爽滋润，饮后唇齿留香。中唐时期的无锡籍诗人李绅，对家乡的泉水青睐有加，曾赞扬道：“惠山书堂前，松竹之下，有泉甘爽，乃人间灵液，清鉴肌骨。漱开神虑，茶得此水，皆尽芳味也。”惠山泉之所以能清纯甘洌，益诸茗色、香、味、形之美，是因为惠山泉水源于若冰洞，经万千松根蓄存和砂岩涤滤，细流透过岩层裂缝，呈伏流汇集，遂成为泉。惠山泉为石泉，泉水历来以从石出者为佳，石出者水质清纯，无杂质，甘寒滑爽，深受茶人赞许。

其次，因为在使用的器具上也是别出心裁。据文献记载，惠山寺高僧普真，常煮二泉茶招待来访的地方士绅和社会名流。因为茶器最能显示茶人的文化素质以及追求的精神境界和生活情趣，故普真特意请了一位湖州竹工，编了一只煮茶的特制竹炉，用来烧煮泉水、冲茶待客。竹炉制作精密，上圆下方，象征“天圆地方”，高不盈尺，外面用竹编炉筒，中间填惠山泥，上罩铜垫圈，炉口也护以铜套，似道家乾坤壶。炉成之后，普真即邀来当地文士圈内的诗友并茶友，雅集于听松庵中而举行竹炉茶会，试用竹炉煮泉瀹茗以款待之。并以竹茶炉为题，大家或撰文，或绘画，或吟诗。道之所由、意之所达、墨之所泼、文之所成，可谓得之于茶，寓之于心，明之于论也。情已逸、志已雅，此番茶境、此等茶侣，使得古朴素雅的竹茶炉又给惠山煮茶增添了奇妙情趣。

这寺就是法幢高树、晨钟暮鼓响振林樾的惠山寺。寺院依山傍水，坐落在钟灵毓秀之地，始建于南北朝时期，它的前身是南朝刘宋司徒右长史湛挺隐居的“历山草堂”。湛挺与南平王刘烁过从甚密，多有诗章唱和，刘诗有“泉溜夏更深，林交昼常荫”“愿逐安其生，于焉惬高枕”等句，极言这里环境的清幽和归隐的闲适。南朝景平元年(423年)，僧人将草堂改作僧房，称“华山精舍”。梁武帝萧衍大兴佛寺，于大同三年(537年)在此建大同殿，即大雄宝殿，易寺名为“法云禅院”。寺一度废于唐武宗“会昌毁佛”，后又于唐宣宗时期重建，改称“惠山寺”。

凤谷行窝以惠山寺为邻，借惠山为后援，其好处如《园冶》所说“萧寺可以卜邻，梵音到耳；远峰偏宜借景、秀色堪餐”。凤谷行窝的建造，充分考虑了周围环境，讲究“极目所至，俗则屏之，嘉则收之”，布置适当的眺望点，使视线越出园垣，使园之景尽收眼底。为此，后来的建造者特地在园南与惠山寺毗邻处建临梵阁，下洞上阁，“得景随形”地与寺中之古华轩相嵌搭，通过借景的手法，将晴山耸翠的秀丽景色、古寺凌空的胜景收入园中。

寺院四周本就树木葱郁，古木参天，身临其间，泉流淙淙，松涛阵阵，又平添了晨钟暮鼓、经声抑扬的人文气息，颇有超尘脱俗之感。在历代诗人墨客的眼里，它是神仙之境，人在其中，能把一切忧虑尘俗都忘怀。北宋诗人苏舜钦，就曾写诗赞美惠山寺："青山相照翠会合，殿阁对起凉参差。清泉绝无一尘染，长松自是拔俗姿。"

二是秦金在察地方面的考虑，包括了解园址地形之高下和地被情况，因此他为凤谷行窝选定的地方，不仅是园外有山、有泉、有寺，而且园内"中多古木，后倚一墩"，这样的条件是最宜造园的，原因正如明代著名的造园家计成在他的经典著作《园冶》中所说："自成天然之趣，不烦人事之工。"凤谷行窝的美，不同于其他那些虽师法造化却极尽人巧的苏州园林，而在于天然之趣。借用屠隆的话便是"兹园之胜，得之天者什七，成之人者什三"。园内的原有地形和树木，使凤谷行窝具有自然古朴的气氛，此乃得天独厚，非人力所为，也为此后创造清幽之境打下了良好基础。

名园易造，古树难求，就"多古木"这一特色，明末王永积在《锡山景物略》中有这样的描述："古木乔松合围者，以数百计。"又据屠隆在《寄畅园记》中的记载："若数百年古木，上参层霄，下荫数亩，虽有神力，不能猝致。"可见，园内"乔木参天，虬枝拂地"，使园子显得浓荫广覆、苍郁幽栖，古木成为难得的造园资源。

"后倚一墩"的"墩"，是明宣德年间（1426～1435年）时任工部侍郎的周忱巡抚江苏时，发现惠山寺按"四天之灵"的常规布局，尚缺青龙，为了改善惠山寺风水，命人在此聚土堆筑的。案墩假山是按园外惠山的余脉来堆叠的，它作为中间介质，既丰富了山的层次，又将惠山与园林联系起来，使假山与真山自然错落，浑然一体，达到了“山在园中、园在山中”的艺术效果。

不难看出，凤谷行窝本就“自成天然之趣，不烦人事之工”，造园家只需以自然山水、花木为要素，经过艺术剪裁，去芜理乱，修整开发，以达到虽经人工创造，又不露斧凿的痕迹，营造出寄畅园“幽”“雅”“闲”的意境“天然之趣”。

三是秦金在究源方面的考虑。江南园林多以水为胜，且园无水不活，正如宋代朱熹诗句“问渠那得清如许，为有源头活水来”，道出水之妙在于“活”。《园冶》称“立基先究源头，疏源之去由，察水之来历”，说的是这个道理。

据王稚登的《寄畅园记》所载，“环惠山而园者，若棋布然，莫不以泉胜；得泉之多少，与取泉之工拙，园由此甲乙”，由于此园“得泉多而取泉又工，故其胜遂出诸园之上”。园址原名沤寓房，从一个“沤”字可见当有较大水面。该园水面占全园三分之一，来自惠山脚下之二泉，经过两条渠道流入园内：一为八音涧之源头小池，泉水沿着石涧曲流而下，泻入湖中，一股泉水潺潺流动，终日淙淙不绝，叮咚有声，犹如金、石、丝、竹、匏、土、革、木八音齐奏，有空谷回响之感；二为自东南角方池中的龙头吐水，经暗管流至湖中，湖水出口在南，与惠山寺之水交汇后流走，虽然其水在园内并不循环，但它与园外之水构成大的循环，使水景动静结合，饶有风趣。

从凤谷行窝的内外环境不难看出，秦金的精心选址为日后寄畅园的长远发展奠定了良好基础。他从卜邻、察地、究源等多方面考虑凤谷行窝的选址，将山、泉、寺纳入园景，为园子因地制宜地“借景”“引泉”“掇山”“理水”提供了良好的先决条件。

然而秦金当时只是稍作收拾，并没有在园内大兴土木。顾可适在《燕集凤谷行窝诗》中说，此时园中的建筑只有“午桥野堂秀郁郁”和“列中有亭兮平波”；但在建筑之中，推窗则晨看太阳，夕睹月亮，享“一鉴昭兮晃朗”的自然情趣，尽幽居之美。可见，园内布置甚为简朴，只是简单点缀一些亭桥而已，完全是一派自然山林的野景。

那秦金为什么只是将这座别墅园林置于草创阶段呢？前文已讲过，原来在“乞休归”仅仅四年之后，在同僚一再推荐下，秦金于嘉靖十年复出任南京户部尚书，一年后，进京任工部尚书。离开家乡，又投身官场的秦金自然无暇再关注凤谷行窝的修筑。

嘉靖十五年，秦金告老回乡，荣归故里。历两都五部卿、矢忠勤一节、虽老犹言天下事的秦金，第三次回乡后的情况，又如何呢？这大致可以从秦金的诗作《筑凤谷行窝成》中窥见一斑：“名山投老住，卜筑有行窝。曲涧盘幽石，长松育碧萝。峰高看鸟渡，径僻少人过。清梦泉声里，何缘听玉珂。”这首诗写得清新、形象，富有感染力，道出了凤谷行窝爽净宜人的清幽景致，以及园主归隐治家、悠然自得的闲适心境。诗中所传达出的这一份“悠然”，不仅属于人，也属于园，人闲逸而自在，园古朴而清旷。在那一刻，似乎有共同的旋律从人心和园中一起奏出，融为一支轻盈的乐曲。

惠山东麓富有野趣的别墅园林——凤谷行窝，虽无华丽的亭榭，却是太平安乐的世外桃源。对于秦金来说，离开了官场，远离了是是非非，这或许是一种逃离，抑或是一种解脱。

在生命的最后时光里，秦金在凤谷行窝觅得了安放心灵的净土。他在此怡性养老，惬意地与友人把酒、对弈、唱诗，过着逍遥自在、无拘无束的惬意生活，安享了八年清福。

秦金在自题诗中写道："小结吾庐阅岁华，舍身功就更齐家。浮生滚滚怜尘世，独倚春风看落花。"在他摹写所见景物的笔墨中，可以看出他如此全身心地投入，充满眷恋之情，似无拘无束的野鹿，又似入海的池鱼，其闲适之情是畅快的。

## 第二节　凿池叠山添风趣

秦金逝世后，风谷行窝转给了他的族孙秦梁。秦梁生于正德十年（1515年），其七世祖和秦金的五世祖是亲兄弟，按辈分算，秦梁是秦金的族孙。

在秦梁这房手里时，风谷行窝就常被称作秦园，如茅坤《过惠山秦氏园三首》、王世懋《饮惠山秦氏园》；万历二十七年，秦耀大事增修易名寄畅园后，时人仍是常以秦园称之，如邹迪光《春暮新霁，偕友人步入惠山，憩秦氏园亭二首》、《诗三首》序“入慧山寺饮秦氏园亭”、《夏日过秦氏园有感，时中丞公方物故》、曹亮武《风流子·游惠山秦园》、张维斗《雨中同周建歧、祝奉宇步秦氏园》等。

此时秦园的园景，比起风谷行窝来说，并无多大增益。这可能与秦梁为官半生，始终于各处奔走有关。

秦梁初为邑禀生，中嘉靖癸卯(嘉靖二十二年，1543年)应天乡试，登嘉靖丁未(嘉靖二十六年，1547年)李春芳榜进士，初授南昌府推官，掌推勾狱讼之事；嘉靖三十年(1551年)，调京任礼科给事中，后晋升太仆寺少卿、鸿胪寺卿、右通政等职位较高的京官；嘉靖三十七年(1558年)，改南京太仆寺少卿；嘉靖四十年(1561年)，迁鸿胪寺卿，再迁南京通政司副使；出为浙江布政司左参议，嘉靖四十一年(1562年)，调山东按察司副使，再度外放时，先后出掌山东、浙江、江西等省的学政或刑狱、民政等事务；嘉靖四十三年改任浙江提学副使，升本省参政；嘉靖四十四年(1565年)，擢湖广按察司；嘉靖四十五年，升江西右布政使。直至嘉靖四十五年后(1566年)请假回籍，在父亲去世后便不再出仕为官，而是在无锡当了十几年的乡绅，于万历六年(1578年)逝世。

从秦梁的生平不难看出，在他的一生当中，多在外忙碌，鲜有时间和精力关注秦园。虽然秦梁在接管该园后未多予顾及，但其父秦瀚却是位颇有闲情逸致的老封翁，他把这座园子整治得井井有条。其中一次较大的整修，是在嘉靖三十九年(1560年)的夏天，“葺园池于惠山之麓”。秦瀚在诗作《广池上篇》中自叙园景道：“百仞之山，数亩之园；有泉有池，有竹千竿；有繁古木，青荫盘旋；勿谓土狭，勿谓地偏；足以容膝，足以息肩；有堂有室，有桥有船，有阁焕若，有亭翼然；菜畦花径，曲涧平川。”秦瀚的这首《广池上篇》效仿了白居易的《池上篇》，添加了有关风谷行窝的内容，并且他还把这首诗作写于池亭墙上。“有泉水池，有竹千竿”，“有堂有室，有桥有船”，“有书有酒，有歌有弦”，文至此处，园林全景乍现，生机盎然，自成气候，足见秦瀚对寄畅园的修葺是十分满意的。

文人造园自是不可少了这亭台楼阁水榭之姿容、觥筹交错丝竹悦耳之情趣的。人生一场，何苦终日悲戚叹惋，须及时行乐，大好韶光莫被辜负。秦瀚父子认为这里是最好的读书养性之处，故怀抱一份禅心静气，决心在凤谷行窝中“日居月诸，莫知其然，优哉游哉……终老乎其间”。

秦瀚父子在凤谷行窝的原址上加以修葺，这是园林自建成以来进行的第一次扩建，据有关史料记载，在这段时间内，秦瀚将八十年前巡抚周忱为补惠山寺“左缺青龙”而堆的风水墩，改筑为假山，并且疏浚泉源，开凿白莲池，在池内养鱼种莲，还整修或新建了一些建筑，当时亭台池榭有名可记的建筑还有“一鉴轩”和假山之巅的“振衣亭”等。在这前后，秦瀚在园内莳花栽竹，使园子更趋风雅、更富古趣。秦瀚父子后来把凤谷行窝易名为“凤谷山庄”。

## 第三节　官场失意寄畅山水

万历六年，凤谷山庄的主人秦梁去世，此园再次闲置。到了万历十九年，秦梁的族侄秦耀罢官离朝，次年返回家乡无锡，给闲置已久的私家园林带来了一线生机。

含贞斋

时年四十八岁的秦耀，胸怀雄才大略又年富春秋，因遭到无端的毁谤而罢官返乡，心中充满了难以平复的落差。他曾满腔悲愤地对家中的小辈叹息道：“吾何以待剖心以鸣其不平也！”他也曾在自己的书斋——

“含贞斋”中吟诗寄托心情，还曾徘徊在园中，抚摸着书斋前高冲挺拔的孤松，感叹道：“盘桓抚孤松，千载怀渊明。岁寒挺高洁，吾自含吾贞。”在仕途不顺的情况下，“意有所郁结不得通其道”，为排遣心中的悲愤忧思，秦耀决定改造凤谷山庄，将抑郁不平的情怀寄予山水之间。

这对于秦耀来说，实属不易。在遭难和失落中，还要保持表面上的雍容大度和洒脱超然，一景一诗，在吟山咏水的背后，透露出寂寥、落寞和无奈。他在《园居》一诗中写道：“凉飙开冷序，清巘撤秋阳。抚景怀同调，登楼数举觞。松凝三径翠，桂散一林香。竟日欣游陟，都忘名利场。”这首诗说的是秦耀下定了寄情山水、畅心烟霞的决心。另一首自述诗，则是他造园心境的生动写照：“卜筑依兰若，衔杯憩桂丛。忧谗甘去国，处世慕飞鸿。过雨池光净，经霜树影空。倚栏浑不寐，静听水淙淙。”

秦耀屏迹公府，看空一切，在园林中消磨时日。而且他觉得凤谷山庄是秦家故业，可作“子孙习静之所”，不忍其荒废。于是他决心寄情山水，“日夕徜徉于此，经营位置，罗山谷于胸中，犹马新息聚米然，而后畚锸斧斤，陶冶丹垩之役毕举，凡几易伏腊而后成”。

这里说的“马新息聚米”，是有这样一则“聚米为山”的典故：东汉初年，光武帝刘秀统一了中原，西部的隗嚣拥兵自重，与刘秀势不两立。刘秀准备派兵攻打，但还有些犹豫不决，刚投奔过来的马援（后被封为新息侯）认为隗嚣将帅不合，出兵必胜。于是马援堆米成山，以代地形模型，为皇帝形象地陈述军事形势，分析地形，开示众军所从道径往来，分析其中的曲折，昭然可晓。马援形象而明了地指画进兵线路，讲述进军的策略，使刘秀顿时感觉胜利在望，从而坚定了刘秀出兵的决心。

开始造园时，秦耀并没有规范的设计图纸，正如马援“聚米为山”一般，仔细观察形势，运筹规划，待成竹在胸，才指挥工匠造园叠山。秦耀造园靠的是“外师造化，中得心源”，“造化”即大自然，“心源”即造园者内心的感悟，也就是说造园的灵感来源于对大自然的师法。

秦耀以自然山水为创作的摹本，取自然美之精华于园林中，通过仔细观察园景，待熟悉山水之形势后，便开始规划，劈涧叠石，随势卜筑，大兴土木，几经伏腊，至万历二十七年，园子改建竣工。经过造园家的巧妙布置，形成了池水迂回环抱，似断似续，花木屋宇相互掩映、清澈幽曲的园林景色，端的是趣合幽人，光景重新。

从万历二十一年(1593年)春算起，至万历二十七年夏，这次改筑凤谷山庄大约经历了六年时间。除了具体的营造外，在园林建成后，秦耀还经反复推敲，取书圣王羲之中：“取欢仁智乐，寄畅山水荫”之诗意，把这座山庄改名为“寄畅园”。

园成之后，秦耀将寄畅园景致归纳为:嘉树堂、清响斋、锦汇漪、清籞、知鱼槛、清川华薄、涵碧亭、悬淙涧、卧云堂、邻梵阁、大石山房、丹邱小隐、环翠楼、先月榭、鹤步滩、含贞斋、爽台、飞泉、临虚阁和栖元堂，每景赋“五绝”诗一首，自题《寄畅园二十咏》诗。

在《寄畅园二十咏》诗前有序：“吾邑九龙二泉秀甲江左，唐宋以来，名流品题不一。余家园在其下，理荒薙秽，构列二十景，总名之曰寄畅。或登高舒啸，或临流赋诗，境内词人过者，歌咏相属。念王右丞辋川有集，李赞王平泉有诗，要之，各写尔怀，非日自侈其盛。嗟余宦途奔走，今幸息机，对景放言，庶几有因余言而知余之志者云。” 序中道出了秦耀改造天然山水地貌、人为开辟山水地貌的全过程，也说出了他当时的心绪：空有抱负却无施展才华之境遇，对世俗中的事不再有过多指望，也不屑于与一帮功利之人为伍，只求隐居于山林，寄情于山水。

秦耀还请宋懋晋绘《寄畅园五十景图》，邀故友王稚登、秦梁的得意门生屠隆等人各写一篇“记”，勒石于墙，以诏后人。

屠隆的《寄畅园记》对园内各景记述甚详，大为叹赏此园：“古木轮囷离奇，计数百十章，长松偃盖，作虬龙攫舞势。有泉从惠山淙淙汩汩注为清渠，日夜流不涸，小水澄泓，分为细涧，并涓洁可爱；大池一望浩渺，上为飞梁，蜿蜒曲折，朱栏画楯，下映绿波。缘堤行，草树蒙茸，至水穷山尽处，谓无复通道，忽折而别开一径，景物俨然。园中位置，大都峨然奇拔者为峰峦，窅然深靓者为岩洞，翳然葱倩者为林樾，郁然苍茫者为田野，森然秀媚者为花竹，轩然华敞者为堂皇，翼然竦峙者为楼榭，杖履所之，无乎不具，其详载王百谷记中。总之，都雅不俗，曲折有致，斯非胸有丘壑、趣合幽人者不能办。”屠隆写景细致，具体到一松一石、一廊一阁，可见游得很仔细。几乎可以想象当时的情景：秦耀陪同亲友游赏新园，细致地作介绍，众人则在各景之前流连驻足，点评品赏。

此时的寄畅园，巧于因借，精在体宜，其意境“虽由人作，宛自天开”。它的建成，无疑为甲天下的江南园林增添了一朵奇葩。这样景色宜人的园子，自然吸引了墨客骚人、名流贤达纷至沓来，争睹寄畅园的风采。

高攀龙系无锡人士，明代万历年间进士、东林党领袖，官至左都御史，在游园之后，即兴赋诗，吟咏了一首《寄畅园五言》。诗中对园景有一番生动描述："春风蔼然至，令我思山中。选胜入名园，幽情浩无穷。回廊南北远，阿阁东西通。曲池泻清泉，高岗面崇峰。闲闲修竹里，寂寂桃花丛。依依和烟柳，谡谡含风松。不以茂对意，安见造化工。微吟展孤兴，小酌发清容。愦然四体放，澹尔万象空。不知赏心者，谁与此时同。"正如《不朽的林泉》一书的作者所言，此诗构成了寄畅园赏景的三个层次。一是对园中近景的游赏，山池廊亭、泉石草木，皆可触可感，亲切有味，体验性强，为身之所容；二是与周围环境的沟通，园林的封闭性被打破，与惠山、寺庙建立起视觉上的联系，为目之所瞩；三是对远处山林的收摄，峦光塔影皆入望中，目力虽穷情脉不断，为意之所游。三个层次，由近及远，亦由实入虚。寄畅园先是自成一方自足的小天地，继而与周围环境联系起来，最后融入广阔的自然中。一步步突破有限的空间界限，在将自然收入园内的同时，也与自然融为一体。诗人在园中的体验，也从对寄畅园内具体景物的品赏升华为对山川变幻、宇宙运迈的感受，最终得以以一种超脱的襟怀体味人生的深境。

万历一朝，没有人敢为张居正辩白，因此秦耀的冤案始终不得平反，秦耀就只能含冤"优游林泉"十三年。秦耀虽未能在寄畅园中消尽烦虑，但还是从中得到了些许慰藉，暮年有所寄托。在寄畅园度过十数个春风秋月后，到万历三十二年，六十岁的秦耀已病体日沉，他自知不久于世，便想到了后事的安排。这一天，秦耀强撑着羸弱的身子，请来了伯、舅、婿、侄，为嫡妻安氏所生的二子峻、埏，与侧室张氏所生的二子坦、阶，立下了分家析产的文书《分关》。其中"惠山园居"的分法是，析为二处，各自管摄。秦耀这样做是以免自己死后，寄畅园再度因无人照管而荒废。

不久之后，秦耀便撒手人寰，而他留下的这张《分关》文书，也给“不当分属”的寄畅园，种下了一析为二，再析为四的祸根。

## 第四节　秦园合璧得翻建

秦耀临终前将寄畅园析为两处，分给他的嫡子和庶子。儿子们又一析为四，分属于四房子孙掌管，这样的四分危局一直延续到清初。也是寄畅园运数未尽，合该有救，在这当口，秦氏家族中又出了一位甚是笃定守业的君子，他就是秦耀的长房曾孙秦德藻。

在秦德藻十八九岁时，其父秦仲锡便英年早辞，此后，他的祖父秦峻和祖母又相继谢世。秦德藻的兄长秦德澄二十三岁早亡，只留下一个年幼的女儿，妻子对他怀念不忘，始终没有再嫁，在秦家度过了余生；弟弟秦德湛又在明亡后蜗居小楼，根据《南明史》记载，他在二十年间足不出户直至抱恨归西。在这样的家庭境况下，秦德藻在弱冠之年，就独立支撑起秦耀长房一脉的内外家政，备极勤劳。

这位得享八十五岁高寿的耆宿大贤，家中人丁兴旺，有子六人，孙二十三人，曾孙五十人，玄孙一百零六人，身前即享子、孙、曾孙、玄孙等男女百余人五世同堂的天伦之乐。更加难能可贵的是，由于他重视对子嗣的教育，子孙中出现了许多读书致仕者，从他的儿子秦松龄算起，一连五代都有人金榜题名、高中进士，特别是秦松龄、秦道然、秦蕙田一支，更是三代人都名垂青史，这在当时几乎被视为神话。综于上述缘故，这位官宦满门的老封翁就成为重振秦家家道、复兴寄畅园的最佳人选。

顺治年间，秦德藻苦心筹划、不辞辛劳，终将“析而为四”的寄畅园重加合并。面对着支离破败的残局，秦德藻想起一位颇有造诣的画家兼造园名家张涟。于是他聘请张涟对寄畅园重新布局，进行了全面的修治。

张涟，字南垣，松江人。他自幼习画，少时学画于董其昌，又取法于名画家倪云林、黄公望，善绘人像，更通山水，对画理有独到的见解。在数十年的绘画兼造园生涯中，江南一带，不乏他的力作，如松江城西的罗氏怡园、李逢申的横云山庄、嘉兴吴昌时的竹亭湖墅等。

在改筑寄畅园时，张涟已年届古稀，幸好精神矍铄，思路敏捷，身板尚属硬朗。他带着侄子张鉽，一同营构园中之景，增益其妙。叔侄二人因地制宜，就地取材，因材施用。他们参照惠山的山形地貌，把原有倾圮假山，重加砌垒。并用假山模拟惠山连绵逶迤之状，作为惠山余脉布置，堆成平岗小坡的形式，使之与惠山雄浑自然的气势相埒。又利用流经的天下第二泉水伏流伴随涧间曲径，引导到假山中来。依据地形倾斜，顺势导流，创造曲涧、澄潭、飞瀑、流泉等水景。前临曲池“锦汇漪”，池中百尾锦鲤争欢，水中的山影巍峨绿嶂，与假山相映成趣。而郁盘亭廊、知鱼槛、七星桥、涵碧亭及清御廊等则绕水而构，增加了生动灵活之趣。

不知是造园者的有意追求，还是于不经意间的妙手偶得，此园经过张涟叔侄的精心构造，一石一树、一亭一沼，即成奇趣。

对于改筑后的园景，黄茂如在所著《无锡寄畅园》中有如下一段论述："张氏叔侄的这次改筑，是全面地进行的，从掇山理水到厅堂亭阁、一草一木，都在原有的基础上作了周详的考虑，既要尊重秦耀的精神寄托，不改园名；又要照顾惠山、锡山近在咫尺的地理环境，使小园摄取更多的景物，故将锡、惠二峰作为天然背景来处理园中的每一个局部。这一构思是很有见地的，具体的手法技巧、叠石引水更具匠心。本地粗朴的黄石，经他(张鉽)之手堆砌的涧谷峰峦、山脚池岸，都以自然浑厚见长。二泉之水，经他(张鉽)巧妙引接，更加生动；锦汇漪经过疏浚加工，水面更加宽阔，用七块巨石搭成的石桥，有效地分隔了空间。改筑之后，全园之景，皆面山临水，锦汇漪成为全园的构图中心，九峰翠嶂如延入园中。"此后，"兹园之名大喧，传大江南北，四方雅人韵士过梁溪（无锡古称）者，必辍棹往游，徘徊题咏而不忍去"。

秦德藻归并、重修寄畅园，使寄畅园的发展进入了全盛时期，而他自觉年事已高，不堪辛劳，于是将园中的大部分事务，俱交予儿子秦松龄执掌。

秦德藻的长子秦松龄于顺治十四年因奏销案罢职回无锡。父子二人，侍养园中，读书承欢，其乐融融。

秦松龄与当时许多文人名士都有很深的交往，常邀他们同游寄畅园。康熙七年(1668年)九月，在"秋风起兮白云飞"的季节里，吴兴祚、姜宸英、严绳孙、顾湄等齐集聚于寄畅园，亭台楼阁、石泉陂池、花木掩映之景，生发了这些文人墨客的奇情瑰趣。他们兴致所致，唱和诗赋，极尽风雅，留下了许多赞美寄畅园的诗章。

又一日，秦松龄陪伴江南名士吴梅村游览此园，流连赏玩，极尽欢意。吴梅村一时兴起，为之作《秦留仙寄畅园三咏》，吟咏了山池塔影、惠井支泉、宛转桥三处景色。

其一，是山池塔影。“黛色常疑雨，溪堂正早秋。乱山众来响，倒影漾中流。似有一帆至，何因半塔留。眼前通妙理，斜日在峰头。”在吴梅村笔下，寄畅园展现出古朴的风貌。

其二，是惠井支泉。寄畅园的池水来自二泉：“石断源何处？涓涓树底生。遇风流乍急，入夜响尤清。枕可穿云听，茶频带月烹。只因愁水递，到此暂逃名。”在诗中，吴梅村巧用典故，借李德裕的递水之举，说惠泉声名太大，怕被“水递”入京，偷偷跑到寄畅园来了，以致引发后人有“山断九龙骨，池分陆羽泉”之吟。

其三，是宛转桥。寄畅园中的宛转桥是秦耀造园时的遗物，位于先月榭南面，横跨石涧。它点缀于寄畅园中，婉曲随顺，景色美妙。此桥在吴梅村笔下熠熠生辉：“斜月挂银河，虹桥乐事多。花攲当曲槛，石碍折层波。客子沉吟去，佳人窈窕过。玉箫知此意，宛转采莲歌。”诗中的“虹桥”指的就是宛转桥，“客子”即做客之宾朋，“佳人”即指票友，“玉箫”是昆曲演唱中最主要的乐器，“采莲歌”是民间曲调，借指昆曲。该诗以如虹的拱桥起兴，描写的是月下拍曲的情景。当年“家富同亭，征歌选伎”成为雅事，曲宴酬客成为一时的风尚，这“曲”就是昆曲。

在明万历至新中国成立初近四百年间，无锡是昆曲家班和清工的最大渊薮，以至于当地有谚语说，“无锡莫开口，谓能歌者众也”，足见昆曲在无锡有着不凡的影响。

在17世纪的寄畅园里，也有两位昆曲痴人——秦松龄和他的父亲秦德藻。《锡金识小录》中记载，他们父子二人组建家班，以园西南部之卧云堂、天香阁、宸翰堂为家班排演之所，并先后聘请苏昆生和徐君见等名师传授昆曲。据《嘉庆无锡金匮县志》卷四十记载，曲家苏昆生在明亡后曾流寓无锡，即被秦松龄招为座上客，“尝宴吴梅村祭酒于园中，昆生在座，赠之以诗”。

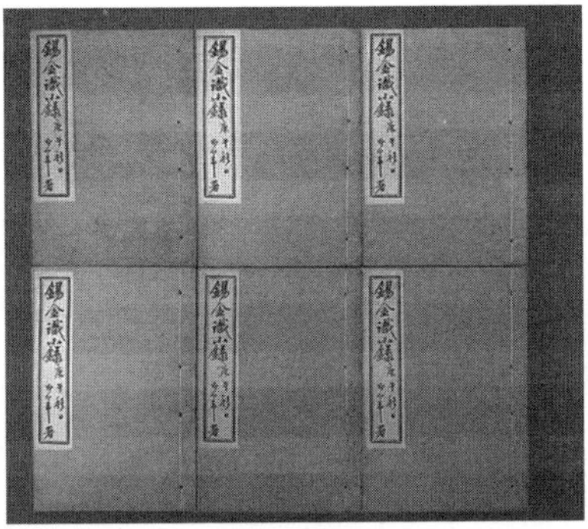

《锡金识小录》

清初散文家余怀著有《寄畅园闻歌记》和《寄畅园宴集放歌》。详细描摹了秦氏家班的演剧情况：“太史留仙(秦松龄)挟歌者六七人，乘画舫，抱乐器，凌波而至，会于寄畅之园。”“而六七人者，衣青纻衣，躧五丝履，恂恂如书生、绰约如处子，列坐文石，或歌或吹，须臾歌喉乍转，累累如贯珠，行云不流，万籁俱寂。”余怀不觉惊叹：“留仙父子，风流跌宕，照映九龙二泉间者，与山俱高，与水俱清也。”此等清雅风景，令人神往!

惠山不语，二泉悠悠，太湖之滨的寄畅园，留有昆曲的雅韵；而袅袅的昆曲，柔美、雅致，又流散着寄畅园的风雅可人与朦胧诗意。

## 第五节　繁花似锦迎圣驾

话说造园高手张涟、张鉽，按照新的创意和构造，巧妙引泉、疏池、堆砌假山峰峦，点缀亭阁，使古园更加引人入胜，达到了园林美学的三个境界：疏密得宜、曲折尽致、眼前对景，寄畅园由此享誉江南。清康熙皇帝每次南巡时均钦点要巡幸寄畅园，其声名之盛可见一斑。康熙皇帝从登位二十三年起至四十六年（1707年）止，先后六次南巡江南，路过无锡，七次到寄畅园。

康熙二十三年冬季，康熙皇帝第一次南下巡视，在回銮途中，路过无锡，闻说惠山历史悠久，二泉驰名天下，决定驻跸惠山寺。大龙舟停靠黄埠墩，换乘龙亭式小画舫，进寺塘泾。康熙皇帝才上岸，便看见一园墙内古木参天，浓荫蔽日，绿意盎然，就问身边大臣："此为何处？"大臣回答："此为无锡秦氏所建，呼为秦园，又名寄畅园。"康熙皇帝下令说："游毕惠山，当进园小憩。"

官员紧急将此事告知秦家，做好迎接圣驾的准备。圣驾将至，秦家深恐接驾不周，全家上下忙作一团，自是不敢怠慢。此时园主秦德藻未入官宦，没有官衔，长子秦松龄因族姑诬告被革职，只得让次子、翰林出身的秦松期出面接驾。

康熙皇帝及诸大臣一行进园后，秦松期亦步亦趋，诚惶诚恐地随侍皇上在园中各处游览。

古木蓊郁、茂密幽深，是寄畅园的一大特色。康熙皇帝看见一棵树姿雄伟的古樟，须数人方能合抱，枝叶皆有香味，即使是在这万木凋零的冬天，依然交枝翳空、常青常荣，不免心中一喜，一边“抚玩不置”，一边问道：“这树几何年矣？”秦松期奏明：“有一百二十年。”康熙皇帝又问道：“缘何晓得？”秦松期又奏：“臣祖秦耀是前朝湖广巡抚，是他带回树苗移植庭中，已百二十年。”康熙皇帝听后，天颜甚霁，笑着说道：“希罕之至，吉祥之兆。”康熙皇帝一行人等在树旁流连了一会儿，正当离开之时，突然一阵风吹来，树叶飒飒作响，似泣似诉，如怨如恨。康熙皇帝心中一凛，觉得有些奇怪。

随后，康熙皇帝到园中的卧云堂休息。他在堂上坐定后，神思恍惚，或又像沉于一种梦幻，仿佛看见古樟像长了脚似的走进来，又似乎不是樟树，而是着明朝官服的秦耀向他下跪叩首，语气缓和又显郑重地说：“望圣祖仁皇帝为吾昭雪！”康熙皇帝方才如梦初醒，大吃了一惊。原来他游玩了大半天，身体疲累，刚坐下就打了个盹。康熙皇帝重新召见秦松期，询问秦家的家世及秦耀的情况，秦松期一一跪奏对答。

四年之后，可能是由于爱树及人，或出于笼络江南士子的政治目的，康熙皇帝特颁一道恩旨，着前朝秦耀入祀贤良祠，后又赐建“天垣首谏”牌坊，给予旌表。秦耀那一件百年难解的历史公案，自此画上了句号。也许就连秦耀自己在生前大概也没有想到，他的冤情会在百年后得以昭雪，更没想到他亲手建造的寄畅园会成为他沉冤昭雪的契机。

康熙皇帝对寄畅园的古樟一往情深，以后每次南巡，到寄畅园后总要到树下观玩。第六次南巡回京后，还一直怀念着此树。每次遇到从无锡来的人，都要问问古樟生长的情况。查慎行有《题惠山寄畅园樟树》一诗记此事：“合抱凌云势不孤，名材得并豫章无。平安上报天颜喜，此树江南只一株。”传说有一年，枝繁叶茂的古樟突然之间叶子全部凋萎，秦家人都不明白是怎么回事。后来传来康熙皇帝龙驭宾天的消息，这樟树也随即枯死，据说是为谢知遇之恩。

## 第六节 祸起萧墙园没官

前文说道，康熙皇帝在第四次南巡游览寄畅园时，询问秦氏子侄中是否有学问好者，可推举一人进内办事。秦氏家族在感念皇恩之余，推选秦松龄的长子、四十七岁的举人秦道然随驾进京，奉旨在皇九子胤禟家教书。

“福兮祸之所伏”，秦道然在贝子府中衣食住行都不愁，本以为可以享尽荣华富贵。谁知“为名为利皆幻客，荣华富贵似云烟”，雍正皇帝在即位之初，就开始剪除异己，在康熙皇帝尸骨未寒之时便骨肉相残，随着皇八子、皇九子、皇十四子的相继落难，他们的朋党也横遭株连。在这次“九子夺嫡”的风波中，厄运也落到秦道然头上……秦道然遭到百般诬陷，被捕下狱。雍正皇帝还命人追银十万两，以充甘肃军饷。两江总督查弼纳奉旨清查家产，抄家后仅得一万多两，虽经过秦家多方筹措资金，仍无力完全缴清。于是所剩家产，包括寄畅园在内，全部被抵充入官。

## 第七节　秦探花痛上陈情表

雍正十三年(1735年)八月二十三日子时，年仅五十七岁的雍正皇帝在圆明园突然病逝。雍正皇帝死后，二十四岁的和硕宝亲王弘历继皇帝位。

雍正十三年九月初三，弘历举行了隆重的登基大典，登上了皇帝的宝座。自第二年起，又取“天道昌隆”之意，定年号为乾隆。

乾隆皇帝曾经亲身经历了“九子夺嫡”这场骨肉相残的家族惨变，对其中的曲折利弊自然有他自己的判断。做了皇帝以后，乾隆皇帝跟父亲雍正皇帝不一样，甚至是反其父之道而为之，在朝政方面，颇为宽大。恩诏迭发，大赦天下。对于宗室中人，凡被禁锢不见天日者，宣告立即释放，封胤䄉、胤禵为公爵，复胤禩、胤禟宗籍，收入皇室家谱。胤禟的亲信、正在吃官司的秦道然，因追银未完，继续坐牢。就在这一年正值槐花泛黄的季节，随着大批举子的赴京会试，秦家的命运，又透出一线曙光。

在秦道然被羁押的日子里，他的儿子秦蕙田渐渐长大成人。秦蕙田自小与祖父秦松龄生活在一起，深受家学熏陶。秦松龄是诗文名家，精通八股文和经学，这些对秦蕙田影响颇深。年轻时的秦蕙田与父亲一起经历家难，年少时的苦厄化为人生的驱策力，促使他更加用功念书，于雍正十三年考中举人，又在第二年的殿试中取得一甲第三名，中了探花，赐进士及第，授翰林院编修，在南书房当值。

说起这“南书房”，又称南斋，是康熙皇帝读书的地方，地点在大内乾清宫西南。入值官员称“南书房行走”，他们都是翰林中博学善书之人。入值南书房，其职责是备皇帝咨询顾问、赋诗读文，有时候也秉承帝意起草诏令。虽说这种内廷供奉没有实权，却可以交结天下名士，观览内廷藏书，更重要的是有机会在皇帝身边工作，在一定程度上是能够直接影响皇帝的。

秦蕙田本为犯官之子，但因其才智敏捷、博学多闻，得以入值南书房，而且又深得年轻的乾隆皇帝喜爱，经常是朝入暮出，日夕侍殿，一下子成了令人艳羡的“清贵”之官。但是，这似乎并没有给他带来多少喜悦，反倒令他更加记挂年老患病、身陷囹圄、经受苦难的父亲。

乾隆二年（1737年）的夏季，饱受牢狱之苦的秦道然，因长年枯坐，极少活动，不幸在狱中染上严重的褥疮，伤处红肿溃烂。时年八十岁高龄的他，几近瘐毙。消息传来，重孝德的秦蕙田焦急万分、五内俱焚。他愿以本身官职赎父之罪，于是提起笔来，给乾隆皇帝上了一道言词恳切、柔中寓刚的陈情表。

文中说道：“臣本生父秦道然，身犯重罪，虽已蒙皇恩原宥，但因未能追回库银而坐大牢……老父今年已八十，身体本极衰朽，今年五六月间，又浸染暑热湿气侵蚀，时常发作疟疠，奄奄一息，几至瘐死狱中。此事关乎骨肉至亲，臣内心痛楚实难忍受。臣虽然在皇上身边任职，备感荣宠，但每每想到老父重病拘禁，既无完解之期，更无生存之望，臣心中昏沉迷乱，不能自主。臣实在不能昧着良心，窃据禄位，内心有惭于不能按照名教的要求去尽孝。皇上以孝治天下，臣父已垂死之年，臣只有希望皇上能恩恤有罪之人，如有一线可以原谅的生机，给予我生父赦免释放的机会，使其在家终老，臣愿除去自己的功名，而为皇上奔走效力，希望以此来抵消父亲的罪行。”

以孝治天下的乾隆皇帝在看过这篇言词恳切的奏疏之后，立即下令释放秦道然，并免去追缴银两，已经没收的家产包括寄畅园也一并发还。秦蕙田凭着自己的才干，使得没官十数年、已经破败不堪的寄畅园，重新回到秦家手里，扭转了寄畅园的颓败命运。

## 第八节　荒园一夜改祠堂

秦道然的钦案官司最终等来了好结局，寄畅园也被发还。经过没官劫难的寄畅园已破败不堪，早已倾家荡产的秦氏一族，再也无力修缮。经历过此番变故的秦氏族人犹如“惊弓之鸟”，他们生怕类似的变故重现。更使他们忧虑的是，今后应该怎样做才能避免寄畅园走上易主易姓的穷途末路？这无疑成为秦氏家族的首议之事。

秦道然、秦蕙田父子集合秦德藻二十四房子孙合议，商量着在园中建立祠堂。这样一来就可以确立寄畅园稳固的宗族所有地位，以防它再次被据为私产，或遭受到破坏，无形之中这是为其增加了一道“连官也不入”的护身符。

秦氏族人将私家园林改为祖祠孝园，不得不说其用心良苦。因为依据清制，因罪籍没之家，坟园祭田不入官。

经过了三年的酝酿与筹划，秦家人在乾隆十一年，由秦道然牵头举行家族内部公议，达成一致意见，将寄畅园嘉树堂改为秦德藻一支的专祠，祀迁锡第六世祖、诏旌孝子秦旦、秦奭兄弟，称为“双孝祠”。“两公德行追双孝，千古馨香合一祠。”秦蕙田执笔将秦家五十位子孙的共同意见，写成了协议书《寄畅园祖祠公议》，把既有“鲜花着锦、烈火烹油”之盛，又有被抄被黜之辛酸的寄畅园改建为祖祠，保证了寄畅园不会再面临被没收的命运。

为统一事权，秦氏族人公推秦德藻之孙——秦瑞熙掌管修理，又议决，春秋两祭，本房轮值，各房捐田，租作经费，三牲一副，聊备祭仪以及每祭“支租银八两”，又每年支银一两作为祠内香烛之资等各色事项。秦氏族人还商定，除不可抗拒的天灾外，寄畅园不可转给外姓人。自此寄畅园成为锡山秦氏家族的公产，园子性质由墅园改为祠园，故又名“孝园”。

秦氏一族种种的劳形苦心之举，都是为了避免园产的分割、转移、没官、改建。秦家将寄畅园确立为宗族祖祠，保持了寄畅园二百余年基业不易其姓，使它得以完整地留传给后代。

## 第九节　乾隆临幸作诗赞

在没收关闭的十几年间，寄畅园未经修葺破败不堪。乾隆五年（1740年），秦瑞熙出资银三千两，对寄畅园进行全面的修葺，经过几年时间的整修，原有亭台轩榭恢复旧观，为寄畅园的再度辉煌准备了条件。

乾隆十六年(1751年)二月十九日，御舟进入无锡境内。温暖的春风，再度吹绿了寄畅园锦汇漪畔的袅袅垂杨柳。第二天一早，乾隆皇帝就乘船来到惠山河塘，登岸后乘四人肩抬的暖轿，首先至寄畅园。

为感帝恩，秦氏近族子侄二十四人伏地迎驾。他们之中，有九人年逾六旬，最长者是九十岁高龄的秦孝然，这九人的年龄之和已超过六百岁。乾隆皇帝龙颜大悦，吟诗云“近族九人年六百，耆英高会胜香山”，并将此举比作唐代白居易等人在洛阳举行的“九老尚齿会”，一时传为美谈。

乾隆皇帝第一次南巡后，便念念不忘寄畅园。他六次南巡，每次路过无锡都要到寄畅园来游览，题诗赞美寄畅园景色。

据秦氏后人秦志豪在《乾隆钟情寄畅园探源》一文中的统计，在《清高宗御制诗集》中，以寄畅园为主题的诗作多达174首，帝王对一座园林如此眷顾是很少见的，也说明了寄畅园在乾隆皇帝心目中的地位。而且，诗中对寄畅园景色的描写，在御制诗中是不多见的，乾隆皇帝有“拈吟终日不涉景”的原则，但是寄畅园是一个例外。乾隆皇帝第一次南巡之时，就实地欣赏了寄畅园，他被寄畅园高超的造园艺术所吸引，叠石引泉，古朴典雅，不失天然之趣，于是留下了诗作，以描写寄畅园的景致：“轻棹沿寻曲水湾，秦园寄畅暂偷闲。无多台榭乔柯古，不尽烟霞飞瀑潺。”

乾隆皇帝为什么对寄畅园如此情有独钟、厚爱有加呢？秦志豪在《乾隆钟情寄畅园探源》一文中给出了最为恰切的答案：清朝经过百年的治理，统治已巩固，到乾隆朝，康乾盛世进入了全盛时期。创业不易，守业维艰。寄畅园300多年不易姓所反映出的祖先创业、子孙守业的精神和乾隆的治国理念是一致的。

乾隆皇帝认为“江南诸名园，唯惠山秦园最古”，且“爱其幽致”。但园子不能搬回北京，于是他命画师将园景详绘成图。回京后，又令人“肖其意”在万寿山东麓的清漪园内仿寄畅园建惠山园。

惠山园建成后，乾隆皇帝又特意来到了寄畅园，此番的目的是将寄畅园与惠山园作比较。经过仔细比对园内的景物，乾隆皇帝不得不遗憾地说：“一沼一亭皆曲肖。”惠山园虽然效仿了寄畅园，但只能达到形似而非神似的程度，因为它缺少了几百年来锡山秦氏家族的世代传承，缺少了秦氏家族特有的文化内涵和历史积淀，缺少一股灵动之气。寄畅园是一方水土孕育而成的，注入了秦氏家族特有的性情，是秦氏家族灵气孕育的文化结晶，它为寄畅园景观赋予了鲜活的生命。而皇家园林平日里鲜有人迹，缺少文人逸士的唱和，寂静中多了些萧瑟，这与寄畅园是不能比拟的。

正如秦志豪所说，一位君主，要治理好国家，要保卫疆域，实现国富民强，需要大忠、大孝，需要热爱民族、热爱国家的臣民。从家庭到家族、到民族、到国家，要发展要富强，它所需要的基本精神是一致的。没有对父母的爱，对家族的孝，对民族和国家的忠，也就谈不上国家民族的强盛，这就是乾隆皇帝钟情于寄畅园的主要原因。

## 第十节　战火频传草木惊心

自乾隆皇帝以后，再没有哪一位清朝皇帝再去游览过寄畅园。这是因为乾隆皇帝六下江南，每次都声势浩大、奢侈靡费。六次南巡的各项花费，总数达两千多万两，以致国库亏空。故乾隆皇帝在六次南巡结束后，便诏令后人不许南巡。加之清王朝的黄金时代——“康乾盛世”已悄悄落幕，嘉庆皇帝以后，更是国事日非，清王朝举步维艰，没有一个皇帝再有雅兴南巡游园了。此时，时代的动乱，使得古老的寄畅园也面临新的历史转折点。

道光三十年十二月十日（1851年1月11日），以洪秀全为领袖的太平军在广西金田村起义，之后便横扫南中国。咸丰十年(1860年)，太平军将领李秀成奉命率部东征。太平军自“天京”金陵出发以后，连战告捷，相继攻占丹阳、常州、无锡。随着战火向无锡蔓延，寄畅园也由此开始了长达九十年的沧桑之变。

从咸丰十年四月，夜战胜利的太平军，势如破竹，从西门攻入了无锡城，到同治二年(1863年)四月，清军重占无锡，这个城市共经历了一千余天的战乱。在这期间，太平军与清军两次交战于此，经过双方残酷的激战，无情的战火吞噬了寄畅园。“全园被毁，所存者惟双孝祠三楹及凌虚阁而已。其余败瓦颓垣、榛芜满目，数十年来，竟无有力者为之恢复，坐使名园胜景，永沦于荒烟蔓草之中。”

此时，梁溪诗人秦焕重游惠山，在杂感中说：“鹤滩鱼槛已荒凉，月榭梅亭亦渺茫。惟有凌虚高阁在，三层木末耸斜阳。”由此可知战乱后的寄畅园只留下凌虚阁。秦焕对此亦无可奈何，只得悲叹“凤谷行窝迹已陈，舜峰遗构孰新，一片斜阳荆与榛”。

当时的中国内忧外患，战争连年不断，人民生活动荡不安，国家命运前途难卜。在这种背景下，显赫数百年此时已趋于没落的秦氏家族，限于财力，在寄畅园被毁后的近百年中，始终没能还其旧观。

据迁锡秦氏二十二世孙、民国时无锡县图书馆馆长秦毓钧的笔记所记载，直至光绪九年（1883年），秦氏子孙才开始了步履维艰的寄畅园修复工作。“先叔来卿(秦复培)、族叔郊农(号稚云)有志兴复，措资修葺凌虚阁，重建知鱼槛”，恢复了“槛外秋水足，策策复堂堂。焉知我非鱼，此乐思蒙荘”的旧景。

1921年冬，秦氏家族中少数有权人士，在利益驱使下，瞒着族众，与商人莫如爵签订租约，将整个寄畅园长期租做游戏场，妄图将寄畅园变为无锡城的“新世界”。幸亏此事及时被秦毓钧发觉，他联合族人，共同制止了这次交易。策划者未能得逞，莫如爵只得废约，名园解除了来自家族内部的危机。

1924年冬，第二次直奉战争使园子的修复工作受到挫折。当时正处军阀混战的乱世，城门失火，殃及池鱼，寄畅园内的西式大楼“凌虚阁”毁于战火之中。

1925年，秦仁存、秦毓钧等重组寄畅园董事会，收回园田90亩，秦仁存以私款捐建清响斋、涵碧亭。后来，又将原藏宝仁堂、清嘉庆初年秦震钧所刻《寄畅园法帖》石刻，全部集中至寄畅园进行保管。1933年，重建“含贞斋”景点。

《寄畅园法帖》石刻

然而，稍有生气的寄畅园，随着抗日战争的爆发再一次陷入了劫难。从1937年8月16日至10月上旬，短短两个月的时间里，日军多次空袭无锡，寄畅园南北两头均数次被轰炸，园中的双孝祠被毁。自此以后，秦氏家族限于财力，只得任其荒芜。

## 第十一节 古园新生还旧观

寄畅园繁荣时期的日常维护修缮、每年祭祀活动的经费都是靠宗族公产收取的租米租金支持的，并为历代所沿袭。1949年新中国成立后，秦氏家族已收不到租米租金，寄畅园占地15余亩，房地产税成了沉重的包袱，而此时掌管祠堂之类公产财务的秦宗元，也是债务缠身，交不起寄畅园的房地产税。

就在残垣断壁、杂草丛生的寄畅园，到了濒临湮没的存亡关头，秦氏一族又做出了明智的选择——将寄畅园捐献给国家。据秦氏后人回忆，在1952年春，族长秦亮工代表园董，去主管部门表达了将寄畅园捐献给人民政府的意愿，由时任无锡市房产局局长的季凯受理接收了这座难以为继的园林。

人民政府接收以后，及时修复了这座风雨飘摇、饱受战乱破坏的寄畅园。经过20世纪50年代中期、80年代初期和90年代初期的三次重大整修，古园新生还旧观。巧妙的借景，高超的叠石，精美的理水，洗练的建筑，“虽有人作，宛自天开”。

置身寄畅园中，涤虑洗心，市隐几半。园中的峰峦、曲涧、幽石、老松、僻径和流泉，一幅“径从古树荫中度，泉向奇峰罅处潺”的园林美景。园内回廊中还有二百多块秦少游、虞集、沈周、邵宝、唐寅、文徵明、董其昌等历代书法名家的碑刻。

寄畅园中弥漫着文人园林意境，蕴藏着无限诗情画意，寄性怡情，一步一个诗画幻境，不愧是江南园林中的一颗明珠。但更使人感兴趣的是寄畅园似梦非梦的漫长经历，它既是一本宦海沉浮录，又是一部家族兴衰史。

古代园林的寿命大多与园主相始终，甚至有些在主人在世时就已衰败易主，很难做到一传再传，长存于世。创业维艰，子孙谨慎守业，毋负先人，这是秦氏家族的共识性观念。寄畅园在流传过程中，历经兴衰变迁，也曾经多次遭遇废弃的危机，但是秦氏子孙世代缵承前志、不懈益勤地守护此园，使它每次总能化险为夷，一代名园才得以跨越近五百年的岁月留存至今。

风风雨雨，寄畅园历经起伏，但一直在锡山秦氏手中，像接力棒一样一代代地传了下来，众多的文人墨客除欣赏园林的美景外，更多的是称颂寄畅园数百年来易主而不易姓的奇迹。可以说，寄畅园几百年不易姓，诚属罕见，因此一时传为士林佳话。姜宸英在《惠山秦园记》中，将寄畅园与周围先兴后废的其他惠山胜迹及名园如“愚公谷”作比较，称赞秦氏子孙恒于守业之德：“惟缙绅有道之士能持身正直，创业以世其家。而子孙之贤者，能修德以光大前烈。此百世不忘者也。今以一园之有无，为秦氏重轻者，固不足以知此。”浦起龙在《秦氏双孝祠记》中写道：“物于宇宙，成毁变灭，能据而终有者渺矣，独忠孝之施，引而愈长，发而愈光……夫一游观之区传至三百年不易姓，江表未有，姓不易支，更未有，独秦氏有之，又重振起之。”王稚登在《寄畅园记》中感叹：“园之主虽三易矣，然不易秦也，秦不易则主不易耳。”王永积也曾在《锡山景物略》中盛赞秦氏一族恒于守业的精神：“山川风月，本无常主，二百余年不更二姓，子孙世守，莫有秦园若者。”

寄畅园犹如一轴充满诗情画意的历史长卷，其苍凉廓落、幽曲典雅的况味，灵秀隽永，令人遐思无限。在近五百年的漫长岁月中，历经一次次的社会变革，这座园子何以创造了在中国绝无仅有的传之一姓的奇迹？这或许可以从秦志豪的话中找到答案：“园林的管理不是每个人都做得来的，不仅仅是钱的问题，管好园子更需要一种审美情趣。因此，秦家的原则是寄畅园是一个绝对不能兑换成现金的产业，谁有能力、谁有资格，谁才能来管理园林。”

寄畅园为什么从没易姓？说到底要归功于秦氏家族优良家风的传承：祖宗创业，子孙守业，方为不耻。《寄畅园祖祠公议》规定，凡动用园中一草一木，带领外人入园住宿，均要按“不孝罪”论处，所以，即使是秦氏家族中最不肖的子孙，也不敢毁园或卖园。保住园子，也就是保住了祖先留下的荣耀，它激励着家族中的后来者同心协力地恒守此园。

寄畅园历经数百年的沧桑变化，却能始终谨守在秦氏一姓手中，善始善终，荣归国库，传之以永，流之以远，巍然独存，这与秦氏家族的几代主人对寄畅园生死与共的守护分不开。可见恒于守业，已成为根植于秦氏子孙心中的一种力量，这不仅是秦氏家族精神的体现，而且通过家族代代成员具体的行为得到了传承和践行。

# 参考文献

## 著作类:

[1] 赵永良，蔡增基主编.无锡望族与名人传记[M].哈尔滨:黑龙江人民出版社，2003.

[2] 沙无垢.寄畅园的故事[M].无锡：江苏省无锡市政协文史编辑室，1997.

[3] 秦永洲主编.秦氏名门[M].济南：泰山出版社，2005.

[4] 〔美〕秦家骢著.舒逊，曼予，译.宗族之恋 [M].北京：中国文学出版社，1993.

[5] 王玉海，姜丽丽，刘涛. 江南文化世家研究 [M].北京：知识产权出版社， 2011.

[6] 杨鸿勋. 园林史话[M].北京：社会科学文献出版社， 2012.

[7] 许伟忠. 悲情歌手秦少游评传[M].上海：上海辞书出版社， 2010.

[8] 王赓唐，冯炬主编. 无锡史话[M].南京：江苏古籍出版社， 1988.

[9] 顾文璧主编. 无锡胜迹[M].上海：上海人民出版社， 1992.

[10] 许伯明主编. 吴文化概观[M].南京：南京师范大学出版社， 1997.

[11] 无锡市教育局，无锡市吴文化研究会编. 吴文化名人谱（无锡编）[M].哈尔滨：黑龙江人民出版社， 2003.

[12] 沈家庄. 竹窗篲词学论稿[M].桂林：广西师范大学出版社， 1994.

[13] 安树芬，彭诗琅主编. 中华教育通史（第三卷）[M].北京：京华出版社， 2010.

[14] 曹济平，何琰. 秦少游全传[M].长春：长春出版社， 2000.

[15] 王保珍.秦少游研究[M].台北：学海出版社，1981.

[16] 高克勤. 王安石与北宋文学研究[M].上海：复旦大学出版社，2006.

[17] 程芳银，金国旗编著. 宿迁史话[M].北京：中国文史出版社，2009.

[18] 张玉璞. 浅酌低唱：宋代词人的文化精神与人生意趣[M].济南：济南出版社， 2008.

[19] 曹月堂主编. 中国文化世家[M].武汉：湖北教育出版社， 2004.

[20] 汪鹤. 宋朝的明星大腕[M].北京：中央广播电视大学出版社，2012.

[21] 姚红，刘婷婷. 两宋科举与文学研究[M].杭州：浙江人民出版社，2008.

[22] 金鑫. 我欲乘风归去[M].北京：新华出版社， 2011.

[23] 康震. 康震评说苏东坡[M].北京：中华书局， 2008.

[24] 李一冰. 苏东坡大传[M].北京：九州出版社， 2006.

[25] 肖剑主编. 宋词鉴赏大典[M].北京：长征出版社， 1999.

[26] 〔日〕青木正儿. 琴棋书画[M].北京：中华书局， 2008.

[27] 蔡景仙主编. 苏东坡旷达人生[M].呼和浩特：内蒙古人民出版社， 2008.

[28] 吴建辉. 宋代试论与文学[M].长沙：岳麓书社， 2009.

[29] 寇秀兰编著. 词的故事[M].北京：中国人民大学出版社， 2009.

[30] 吕慧鹃，等编. 中国历代著名文学家评传[M].济南：山东教育出版社， 1985.

[31] 中华书局编辑部编. 中国人应知的历史常识[M].北京：中华书局， 2011.

[32] 闵泽平.唐宋才子的真实生活[M].武汉：崇文书局，2008.

[33] 刘尊明编选. 秦观集[M].南京：凤凰出版社， 2007.

[34] 王珪撰. 华阳集[M].北京：中华书局， 1985.

[35] 刘小川. 苏东坡[M].上海：上海文艺出版社， 2012.

[36] 叶嘉莹. 迦陵文集[M].石家庄：河北教育出版社， 1997.

[37] 李兴盛. 中国流人史[M].哈尔滨：黑龙江人民出版社， 1995.

[38] 杨雨. 唐宋名士潇湘情[M].长沙：岳麓书社， 2011.

[39] 王水照，崔铭. 苏轼传[M].天津：天津人民出版社， 2008.

[40] 赵敏俐，吴思敬主编. 中国诗歌通史·宋代卷[M].北京：人民文学出版社， 2012.

[41] 吴佳佳主编. 无锡名胜[M].北京：大世界出版有限公司， 1999.

[42] 贾珺主编. 建筑史[M].北京：清华大学出版社，1983.

[43] 易乾. 苏锡雅话[M].北京：北京出版社，1999.

[44] 顾一群，肖鹏. 漫话无锡[M].无锡：江苏文史资料编辑部，1999.

[45] 李茂旭主编. 中华传世家训[M].北京：人民日报出版社，1998.

[46] 朱炳国主编. 家谱与地方文化[M].北京：中国文联出版社，2008.

[47] 史世海. 走近孔子感悟人生[M].北京：北京工业大学出版社，2011.

[48] 丁捷. 中国文化与人生[M].沈阳：辽宁教育出版社，1993.

[49] 肖群忠. 中国道德智慧十五讲[M].北京：北京大学出版社，2008.

[50] 刘廷乾. 江苏明代作家研究[M].南京：东南大学出版社，2010.

[51] 蒋伯潜注释. 四书读本[M].北京：新世界出版社，2010.

[52] 程树德. 论语集释[M].北京：中华书局，2013.

[53] 吉秋炜编著. 罗聘故居[M].扬州：广陵书社，2010.

[54] 石东升，卜一编. 曾子评注[M].北京：群言出版社，2004.

[55] 国风. 人间情[M].天津：百花文艺出版社，2008.

[56] 黎红雷主编. 治道新诠[M].广州：中山大学出版社，2011.

[57] 葛兆光. 中国思想史[M].上海：复旦大学出版社，2001.

[58] 郑晓江. 生命与死亡[M].北京：北京大学出版社，2011.

[59] 郑晓江. 学会生死[M].郑州：中州古籍出版社，2007.

[60] 林语堂. 人生不过如此[M].西安：陕西师范大学出版社，2007.

[61] 傅永聚，任怀国. 儒家政治理论及其现代价值[M].北京：中华书局，2011.

[62] 蔡元培，陶行知. 中国教育[M].合肥：安徽人民出版社， 2012.

[63] 黄重添. 台湾当代小说艺术采光[M].厦门：鹭江出版社， 1987.

[64] 陈晞编著. 国学其实很有趣儿[M].北京：中国戏剧出版社， 2011.

[65] 王炳照，徐勇主编. 中国科举制度研究[M].石家庄：河北人民出版社， 2002.

[66] 刘海峰主编. 科举学的形成与发展[M].武汉：华中师范大学出版社， 2009.

[67] 刘海峰主编. 科举制的终结与科举学的兴起[M].武汉：华中师范大学出版社， 2006.

[68] 黎重编著. 一本书读懂大明史[M].北京：中国长安出版社， 2011.

[69] 吴言生，翟博主编. 中国历代家训集锦[M].西安：三秦出版社， 1992.

[70] 程凯华主编. 中国传统美德[M].武汉：长江文艺出版社， 2002.

[71] 唐凯麟，张怀承. 成人与成圣:儒家伦理道德精粹[M].长沙：湖南大学出版社， 1999.

[72] 钱诗金编著. 家庭，你会经营吗？[M].北京：中国经济出版社， 2011.

[73] 童一秋. 大清乾隆王朝[M].北京：中国盲文出版社， 2002.

[74] 朱学勤主编. 乾隆 [M].呼和浩特：远方出版社， 2004.

[75] 朱学勤主编. 雍正[M].呼和浩特：远方出版社， 2004.

[76] 岳鑫，张弘. 乾隆全传[M].长春：长春出版社， 1998.

[77] 崔清北. 大清王朝十二帝 [M].沈阳：万卷出版公司， 2009.

[78] 白鹿鸣，弓健编著．历史真相全知道 [M].长春：吉林出版集团有限责任公司，2011.

[79] 钱宗范编著．雍正[M].南宁：广西人民出版社，1990.

[80] 郑宝叶，陈本友编著．雍正韬略[M].北京：昆仑出版社，2003.

[81] 姜相顺主编．大清王朝之谜[M].上海：文汇出版社，2004.

[82] 曹林娣．园庭信步——中国古典园林文化解读[M].北京：中国建筑工业出版社，2011.

[83] 汪龙麟，陶佳主编．中国奇人大观[M].北京：北京出版社，1999.

[84] 杨耀文选编．文化名家谈食录[M].北京：京华出版社，2008.

[85] 陈安吉主编．名人与南京[M].南京：南京出版社，1996.

[86] 李轩，溪石编著．帝鉴[M].北京：当代世界出版社，2009.

[87] 于德源．北京漕运和仓场[M].北京：同心出版社，2004.

[88] 李最欣主编．吴越钱氏家族文化研究[M].济南：齐鲁书社，2010.

[89] 吴苏林主编．家范的教育智慧[M].乌鲁木齐：新疆青少年出版社，2009.

[90] 凌郁之．苏州文化世家与清代文学[M].济南：齐鲁书社，2008.

[91] 王立人主编．吴文化与创新文化[M].南京：凤凰出版社，2009.

[92] 江庆柏．明清苏南望族文化研究[M].南京：南京师范大学出版社，2000.

[93] 朱炳国主编．家谱与地方文化[M].北京：中国文联出版社，2008.

[94] 上海中国科举博物馆，上海嘉定博物馆编．2009科举学论丛(第1辑)[M].北京：线装书局，2009.

[95] 《蒙古族通史》编写组. 蒙古族通史(上)[M].北京：民族出版社，2001.

[96] 白寿彝总主编. 中国通史 14 [M].上海：上海人民出版社，1997.

[97] 黄仁宇. 赫逊河畔谈中国历史[M].北京：生活·读书·新知三联书店，1992.

[98] 刘海峰，李兵. 中国科举史[M].上海：东方出版中心，2004.

[99] 苏文菁主编. 婚丧礼仪[M].福州：福建科学技术出版社，2010.

[100] 汪超宏. 明清浙籍曲家考[M].杭州：浙江大学出版社，2009.

[101] 刘健华主编.崇安名胜史话[M].济南：山东画报出版社，2006.

[102] 郭培贵. 明史选举志考论[M].北京：中华书局，2006.

[103] 周道祥，张蕾编著. 科举与南京[M].南京：南京出版社，2011.

[104] 司雁人. 学官时代[M].北京：中国社会科学出版社，2005.

[105] 张程. 衙门口[M].西安：陕西人民出版社，2013.

[106] 新浪博客频道编. 大史记之史料未及[M].北京：中国友谊出版公司，2008.

[107] 邓嗣禹. 中国考试制度[M].长春：吉林出版集团有限责任公司，2011.

[108] 陈长琦主编. 中国政治制度史[M].北京：高等教育出版社，2001.

[109] 吴宏编. 吴地名城[M].南京：河海大学出版社，1999.

[110] 吴志樵主编. 中国教育发展历程[M].沈阳：辽海出版社，2011.

[111] 朱诚如，王天有主编. 明清论丛（第6辑）[M].北京：紫禁城出版

社，2005.

[112] 赵克生，许文继. 一本书读懂明朝[M].北京：中华书局，2010.

[113] 龚书铎主编. 白话精编二十四史[M].长春：吉林出版集团有限责任公司，2011.

[114] 崔建林主编. 大明朱元璋和成祖朱棣[M].北京：中国戏剧出版社，2008.

[115] 徐文钦. 鬼才魏忠贤[M].贵阳：贵州人民出版社，2011.

[116] 王者觉仁. 权力无间道——九个帝国大佬的自白书[M].太原：山西人民出版社，2011.

[117] 朱子彦，陈生民. 朋党政治研究[M].上海：华东师范大学出版社，1992.

[118] 怀效锋. 四朝政治风云[M].成都：四川人民出版社，1988.

[119] 善从编著. 中国皇帝全传（下）[M].北京：中国华侨出版社，2012.

[120] 车吉心主编. 中国皇帝全传（下）[M].济南：山东教育出版社，1991.

[121] 李治亭，林乾主编. 明代皇帝秘史[M].太原：山西人民出版社，1998.

[122] 王春瑜，杜婉言. 明朝宦官[M].北京：紫禁城出版社，1989.

[123] 王建中主编. 江苏清官[M].南京：南京大学出版社，1998.

[124] 翦伯赞，郑天挺主编. 中国通史参考资料（古代部分　第七册）[M].北京：中华书局，1988.

[125] 李洵．正德皇帝九讲[M].北京：中央广播电视大学出版社，2010.

[126] 戴楠,等编著．历代官场大观[M].北京：西苑出版社，2011.

[127] 史明月主编．历史上最有争议的宰相[M].北京：金城出版社，2012.

[128] 林然编．“案”藏玄机[M].北京：北京理工大学出版社，2012.

[129] 雷婷，李晓鸣编著．历史悬案大全集[M].长春：吉林出版集团有限责任公司，2011.

[130] 白玉林，曾志华，张新科主编.清史解读(上)[M].昆明：云南教育出版社，2011.

[131] 赖玉芹．博学鸿儒与清初学术转变．北京：中国社会科学出版社，2010.

[132] 颜建华．清代乾嘉骈文研究[M].北京：光明日报出版社，2011.

[133] 崔来廷.明清甲科世家研究[M].北京：知识产权出版社，2013.

[134] （宋）秦观著．徐培均校注.淮海居士长短句[M].上海：上海古籍出版社，1985.

[135](宋)秦观撰．徐培均笺注.淮海集笺注[M].上海：上海古籍出版社，2000.

[136] （清）石成金编撰.传家宝：中国古代生活百科全书（上）[M].长春：吉林文史出版社，2005.

[137] 徐梓，王雪梅.蒙学要义[M].太原:山西教育出版社，1991.

[138] （南北）颜之推．颜氏家训[M].北京：中国文史出版社，2003.

[139] 秦毓钧，等. 无锡文库（第三辑）[M].南京：凤凰出版社， 2012.

[140] 秦毓钧辑. 锡山秦氏文钞 [M].无锡：无锡秦氏咏烈堂线装铅印本，1930.

[141] （清）周希陶撰. 杨根乔，沈跃春评注. 增广贤文[M].合肥：安徽文艺出版社， 2010.

[142] 胡埭乡志办公室编. 胡埭乡志[M].南京：江苏科学技术出版社，1990.

[143] （清）陈康祺. 郎潜纪闻初笔二笔三笔(下)[M].北京：中华书局，1984.

## 论文类：

[1] 姜丽丽.明清时期无锡秦氏家族研究[D].内蒙古大学，2006.

[2] 高田.锡山秦氏家族文学研究[D].苏州大学，2013.

[3] 孙明露.锡山秦氏诗歌研究[D].苏州大学，2010.

## 期刊类：

[1] 李正.古典名园今与昔——无锡寄畅园的保护和修复(上)[J].国土绿化杂志，2010(2).

[2] 李正.古典名园今与昔——无锡寄畅园的保护和修复(下)[J].国土绿化杂志，2010(3).

[3] 王照年，罗玉梅.论《麟台故事》载北宋馆阁藏书的形成——以《麟台故事》残本《书籍》篇所载为主[J].山东图书馆学刊，2009(6).

[4] 高春平.从明代盐政看政商互动得失[J].人民论坛，2014(22).

[5] 徐凯.明朝大厦倾覆与社会矛盾的合力作用——清前期对明亡之因探讨的再解析[J].社会科学战线，2011(11).

## 其他类：

[1]齐彬.温家宝会见两岸共同市场基金会最高顾问钱复[EB/OL].中国新闻网，2009—04—18.http://www.chinanews.com/gn/news/2009/04—18/1652593.shtml.

[2] 秦廷标谈他的百岁艺苑与千年家族(一)[EB/OL].博宝资讯网，2008—03—24.http://news.artxun.com/huangtingjian—743—3712780.shtml.

[3] 王爱军.秦观，人生比诗词忧郁[EB/OL].文汇报，2014—02—07.http://whb.news365.com.cn/xsz/201402/t20140207_920183.html.

[4] 王宝光.儒家圣殿[EB/OL].人民网，2007—11—30.http://paper.people.com.cn/rmrbhwb/html/2007—11/30/content_33637803.htm.

[5] 张月.秦观后裔昨集体祭扫　央视拟推出秦氏家庭纪录片[EB/OL].新华网，2013—04—15.http://wx.xinhuanet.com/2013—04/15/c_115393316.htm.

[6] 佚名.无锡锡山秦氏家族概略[EB/OL].高邮市三垛初级中学，2012—06—23.http://www.gysdcz.cn/Article/ShowArticle.asp? ArticleID=352.

[7] 储朝晖.家风是文化传承的基因[EB/OL].光明网，2014—02—24.http://epaper.gmw.cn/gmrb/html/2014—02/24/nw.D110000gmrb_20140224_4—03.htm?div=—1.

[8] 佚名.《论语》中的孝亲观[EB/OL].中国大学生在线，2010—09—03. http://uzone.univs.cn/news2_2008_148300.html.

[9] 雷江.谈“孝”[EB/OL].中华语文网，2010—06—17.http://leijiang.blog.zhyww.cn/archives/2010/2010617132653.html.

[10] 萧春雷.厦门最后一座贞节牌坊：吴维果妻陈氏、胞侄(吴)昭[EB/OL].凤凰网，2014—01—03.http://xm.ifeng.com/travel/xiamen_2014_01/03/1686461_0.shtml.

[11] 秦志豪.乾隆钟情寄畅园探源[EB/OL].中国文化报，2013—11—14. http://epaper.ccdy.cn/html/2013—11/14/content_111442.htm.

[12] 逯恒贞.传承孝友文化的锡山秦氏[EB/OL].秦观宗亲文化网，2011—05—20.http://www.qinguan.org/a/201404/196ubwuhouopn.shtml.